Individualisme

et Solidarité

par

S. BECQUERELLE

Professeur
à l'École primaire supérieure d'Amiens

Prix : 0 fr. 50.

EDOUARD CORNÉLY & Cie

101, Rue de Vaugirard, 101

PARIS

BIBLIOTHÈQUE D'ÉDUCATION SOCIALE

Individualisme et Solidarité

PAR

Stéphane BECQUERELLE

Professeur à l'École primaire supérieure d'Amiens

AMIENS

IMPRIMERIE DU PROGRÈS DE LA SOMME

18, Rue des Saintes-Maries, 18

1903

INTRODUCTION

Il est une chose qui frappera toujours les observateurs attentifs, c'est le peu de résultats obtenus dans tous les genres depuis plus de 30 ans qu'on est censé être en République.

Il semblait d'abord, qu'ayant décuplé les sacrifices d'argent pour l'éducation générale, on dût avoir hâté d'autant le progrès et l'évolution des idées. Il faut bien avouer qu'il n'en est rien et que tout est à faire ou à recommencer. Nouvelles Danaïdes, nous avons jeté notre or dans un tonneau sans fond, et tout s'en est allé.

Il importe de réparer le mal au plus vite, si on ne veut plus perdre son temps et son argent.

C'est en rêvant à ces choses que j'ai cru découvrir à la fois le mal et le remède. Le mal, la fissure par où s'épanche la force sociale, c'est l'individualisme sous sa forme la plus odieuse : l'égoïsme ; le remède, c'est l'esprit de solidarité, le sentiment altruiste.

Travailler à augmenter l'un et à diminuer l'autre, tel est mon but.

INDIVIDUALISME
ET SOLIDARITÉ

Les Méfaits de l'Individualisme

I

Les moindres discussions politiques ou économiques révèlent, dans notre pays surtout, un double courant d'opinions absolument divergentes. Pendant que les uns, les plus nombreux encore, réclament à grands cris, la liberté intégrale de l'*individu,* en s'appuyant sur la fameuse déclaration intangible des *droits* de l'homme et du citoyen, les autres proclament les droits non moins imprescriptibles de la *société* et la subordination de l'unité individuelle à la collectivité.

***

Les premiers, quelles que soient d'ailleurs leurs étiquettes particulières et même contradictoires, qu'on les appelle des libéraux, des libertaires ou même des anarchistes, sont des *individualistes.*

Les radicaux socialistes, eux-mêmes, en dépit de leur nom équivoque, ne le sont pas moins, puisqu'ils entendent faire prévaloir en tout, les droits de l'individu : dans

sa liberté intégrale, comme dans sa propriété individuelle. On l'a bien vu, lors de
la déclaration de principes faite par M.
Pelletan, et malgré l'habileté de son argu-
mentation.

Quelques socialistes l'ont vite compris, et
ont répudié les radicaux socialistes. Il importe, d'autant plus de bien connaître les
conséquences lointaines des deux doctrines
en présence, qu'il s'établit en ce moment
même une confusion fâcheuse qui fait
croire à beaucoup de gens de bonne
foi et de courte vue, que les deux systèmes tendent au même résultat, que les
deux routes conduisent au même but.
C'est une illusion comparable à celle des
voyageurs de deux trains qui quittent
en même temps la même gare. Les deux
voies sont un temps parallèles. Cependant,
l'une vous conduit à Cologne, l'autre à Bel-
fort. Tant pis pour le voyageur qui s'est
trompé de train : son illusion est de courte
durée, et il s'aperçoit bientôt, mais trop
tard, que le train l'emporte où il ne croyait
pas aller et qu'il tourne le dos au but qu'il
voulait atteindre. Encore n'a-t-il perdu que
quelques heures et peut-il revenir au point
de départ pour réparer son erreur. Les
choses sont plus graves dans la vie, et l'on
ne peut jamais revenir en arrière. Voilà
pourquoi il importe à chacun de bien choi-
sir sa voie, et de savoir où elle conduit.

Cette confusion, d'ailleurs, était inévitable
et commandée par les circonstances pré-
sentes, et l'intérêt commun de tous les partis avancés qui n'avaient pas trop de toutes
leurs forces pour lutter, sans trop de désa-

vantage contre le double parti de la réaction et de l'Eglise. Et cela pourra et devra
rester ainsi tant que les partis avancés seront sur la défensive, tant qu'ils ne repré-
senteront que la minorité.

Mais, par le fait de l'évolution des idées
et de la marche du progrès, ils sont appe-
lés à l'emporter un jour, et conséquem-
ment à se compter avant de se combattre.
Et ce jour-là, malheur à qui se sera trompé
de camp. Non seulement, il perdra ses plus
chères illusions, mais il devra abandonner
la lutte et se retirer sous sa tente, mécontent
de lui-même et des autres ; ou bien, s'il a
encore des forces et du goût pour l'action,
il devra lutter contre ses amis de la veille,
et contre sa conscience, ce qui est plus
grave ; ou bien, ce qui ne l'est pas moins, il
devra passer dans l'autre camp et, à la fois
parjure et transfuge, tirer sur ses anciens
camarades.

**
* *

Les seconds, bien que variés aussi dans
leurs appellations, depuis les socialistes ré-
formistes jusqu'aux Allemanistes, Guesdis-
tes, jusqu'aux plus révolutionnaires, sont
tous des *solidaristes.*

Et, bien qu'ils ne s'accordent guère sur
la tactique ni sur une infinité de points de
détail, il est clair qu'ils sont unanimes sur
ce *principe* fondamental que l'individu
est moindre que la société ; le tout plus
important que la partie, — ce qui est justement l'opposé de ce que prétend l'individualiste...

On n'a pas assez remarqué, à ce propos,

que l'attrait du gouvernement *républicain* pour beaucoup d'entre nous, consistait dans la possibilité de faire désormais plus facilement ce qu'on voulait, c'est-à-dire d'être plus libre, plus dégagé de *liens* vis-à-vis de la société ; d'avoir, en un mot, plus de droits et moins de devoirs.

Ce qui ne peut provenir que d'un furieux égoïsme, c'est-à-dire du sentiment le plus contraire à la vie de *société*.

Il est donc urgent de rappeler ce principe élémentaire que le bon sens et la sociologie proclament ; à chaque droit, c'est-à-dire à chaque *avantage* que donne la société est attaché indissolublement un devoir correspondant. Accepter l'un sans l'autre est un acte malhonnête. Cependant, beaucoup de citoyens qui se disent ou se croient républicains, le commettent chaque jour, sans se croire pour cela plus mauvais que d'autres.

Bien plus. Ils n'ont pas de mots assez durs pour parler des socialistes « ces pelés, ces galeux, d'où nous vient tout le mal » ! S'ils prenaient la peine de regarder ce qui se passe dans ce monde socialiste, ils verraient, sous le chaos apparent de la surface, le principe qui en fait la force et l'avenir, c'est-à-dire un idéal de bonheur par la justice égale pour tous, le souci des infortunes des autres frères de travail ou de misère, la collecte presque continue de ceux qui n'ont rien pour ceux qui ont moins encore, la caisse de secours pour les veuves, les orphelins, les vieillards, les invalides du travail, en un mot, le souci des autres, l'*altruisme* ou amour des autres, autant et plus que la préoccupation exclusive de soi, l'égoïsme ou *individualisme*.

Les députés socialistes, en abandonnant une part de leur traitement, n'ont fait qu'affirmer ce principe.

***

Non seulement la forme de la société d'aujourd'hui et de demain dépend du triomphe définitif de l'une de ces deux doctrines *opposées* dans leurs principes et leurs effets ; mais son avenir, ses progrès ou sa décadence sont liés à cette question, vitale entre toutes.

Il importe donc d'en examiner *l'origine* et les éléments constitutifs, et cela n'est possible que par une revue impartiale du passé et de l'état présent.

II

Les germes de Solidarité dans le passé.

M. Taine a très bien montré dans son histoire de l'ancien régime, que la constitution de l'ancienne société avait sa raison d'être et ses avantages à *son heure*. La meilleure preuve est dans son existence même et sa durée prolongée.

C'est, en effet, dans ce qu'on est convenu d'appeler la nuit du moyen âge que se sont élaborés les éléments de la société moderne, de même que c'est dans la nuit de l'hiver et de la terre que s'élaborent les germes des moissons futures.

Les éléments épars de la société féodale, unis par la Monarchie, acquirent alors un commencement de cohésion qui produisit l'unité administrative et nationale. La France alors, et *alors seulement*, fut une nation, une société, une unité.

La cohésion des individus commença dans les villes, à l'abri des puissants remparts, *alors utiles,* et à la faveur d'un esprit de solidarité vraiment admirable dans sa nouveauté.

L'égalité des habitants du bourg fortifié ou bourgeois, était loin d'être parfaite, leur souci d'assurer la liberté de chacun était assurément insuffisant, leur solidarité trop exclusive, puisqu'elle dépassait rarement les murs du bourg et ne s'étendait même pas aux gens des faubourgs, aux forboutiers, comme on dit encore en Picardie ; mais ils n'en appliquèrent pas moins les *premiers,* dans les affaires intérieures, les principes si féconds de la solidarité, c'est-à-dire le souci de l'intérêt général (limité à la cité), l'abandon désintéressé des préoccupations personnelles.

C'est, en effet, de leurs efforts que sont sorties les premières conquêtes du peuple, la première consécration de ses droits dans les *chartes* municipales, la première organisation sociale. Qu'on relise leurs luttes héroïques dans les annales des *communes* d'Amiens, de Laon, de Vézelay, etc., contre leurs seigneurs, contre leurs abbés ou leurs évêques, contre leurs rois eux-mêmes, et l'on verra combien leur esprit de corps, leur *solidarité* avaient décuplé leur bravoure et leur force. Les femmes elles-mêmes et jusqu'aux enfants, ont pris dans la lutte une part considérable.

On dira que c'est la nécessité seule qui les a unis un instant ; et que le danger disparu, chacun ne se souciait plus que de ses intérêts propres ; en un mot qu'ils n'ont pas été moins égoïstes que les autres hommes à toutes les époques. On pourrait même ajouter qu'ils ont plus songé à sauver la caisse, à faire prospérer leurs industries locales, qu'à défendre les intérêts du peuple entier, des campagnes comme des villes fortes. C'est comme si on leur reprochait d'avoir été du xii° siècle au lieu d'être du xx°.

Il faut être *plus juste* pour le passé : à chaque siècle suffit sa peine. Celui-là nous a laissé les premiers témoignages du travail en commun, de l'effort collectif, dans ses beffrois, ses Maisons *communes*, où s'assemblaient les élus du peuple, les syndics (dont le nom a été repris pour les syndicats) et où trônait le maïeur ou Maire.

C'est alors aussi que les diverses industries s'organisèrent pour la défense de leurs droits et de leurs intérêts. Les ouvriers prirent l'habitude de se réunir, de discuter, d'élaborer des statuts et des règlements ; ils eurent leurs fêtes corporatives, leurs jeux en commun, leurs lieux de réunion, leur bannière qu'ils promenaient en ville les jours de liesse et sur les champs de bataille pour repousser l'ennemi ; car s'ils n'aimaient pas la guerre et lui préféraient le travail, ils savaient la faire à l'occasion pour la conservation du peu de bien-être et de liberté si chèrement acquis.

Il est bien malaisé de dire aujourd'hui, après dix siècles écoulés, ce qu'aurait produit ce premier essai de groupement corporatif, si la royauté, de plus en plus oppressive, ne l'avait dévoyé, puis arrêté par la terreur et la centralisation administrative. Il est permis de croire pourtant qu'il aurait *discipliné* le peuple des villes, puis à son exemple celui des campagnes, et qu'il lui aurait donné, avec la conscience de ses droits et de sa force, toujours plus grande, les moyens de l'employer à son profit.

Cependant, bien que les communes eussent été étouffées dans le sang, bien que les fonctionnaires de la ville eussent été remplacés par les baillis et les agents du roi, bien que le fonctionnaire de l'État eût remplacé le citoyen bénévole à la Maison commune, devenue l'Hôtel de Ville, bien que la Charte eût été déchirée ou modifiée, cet immense effort ne *fut pas inutile.* Ici, comme ailleurs dans les sciences, rien ne se perd, rien ne se crée, tout se transforme incessamment. Et quelques cent ans plus tard, nous retrouvons les Corporations bien vivantes, mais bien muselées par Colbert.

Elles étaient alors bien changées ! étroites, jalouses, exclusives, vindicatives, procédurières, elles étaient devenues oppressives et partout méprisées. La Révolution, dans sa soif de nivellement et de destruction, n'en fit qu'une bouchée. Et c'est en cela qu'elle eût *tort.*

Il eût fallu à tout prix conserver, mais en les *modifiant* dans un sens plus large, plus généreux, plus humain, ces belles et bonnes fêtes corporatives où tout le peuple eût par-

ticipé et se fût mis en *liesse ;* ces proces-
sions laïques, bien plus gaies, plus vivantes
que les caricatures grotesques que nous en
donnent l'Eglise ou les municipalités dans
leurs *cavalcades.* Que n'eût-il pas fallu
faire !

Il fallait apporter de l'air et de la lumière
dans la geôle industrielle, il fallait y percer
des ouvertures nouvelles, y donner l'accès
plus libre à tous, aux ouvriers et aux ap-
prentis. Il ne fallait pas surtout la mettre à
bas avant d'avoir assuré un abri aux travailleurs. En procédant, comme on l'a fait,
on perdait le sens de la tradition et l'on nous
jetait à la rue où nous sommes encore.
Grande leçon pour l'avenir et qu'il faut mé-
diter, au risque de paraître bien tiède, bien
réactionnaire même.

III

Comment le Mouvement solidariste fut arrêté par l'esprit individualiste.

Mais, à quoi bon récriminer !

Il nous faut, maintenant, indiquer la
source de cet esprit qui devait détruire l'ancien ordre de choses, et préparer le nouveau.

Il y a une chanson qui dit : « C'est la
faute à Voltaire, c'est la faute à Rousseau...»

C'est plutôt la faute à Descartes. Il est le
père de l'esprit moderne, et la source de
ses plus grossières erreurs, comme de ses
plus merveilleuses créations.

Il est, en effet, le premier en date et en importance, des révolutionnaires du xviie siècle. Il l'est, en quelque sorte, à son insu, et à l'insu de ses contemporains. On ne vit d'abord, dans son œuvre, qu'une nouvelle méthode de philosophie *spiritualiste*. Le soin, la prudence, avec lesquels il évitait de parler des choses de la religion, acheva d'égarer les esprits.

On ne vit point, et on ne pouvait point voir alors, que sa méthode, appliquée d'abord aux sciences et à la philosophie, à l'*exclusion* de la religion, devait, tôt ou tard, servir à saper celle-ci, et aboutir par le libre examen au déisme et même au matérialisme ou athéisme du xviiie siècle et de la Révolution.

Un seul homme l'accusa d'athéisme, en Hollande, et ne fut pas écouté. Descartes ne semblait-il pas le champion de la religion plutôt que son adversaire, puisqu'il prouvait l'existence de Dieu et l'immortalité de l'âme ? L'athée semblait être son contradicteur Gassendi, philosophe matérialiste.

Pourtant, Descartes préparait bien la voie à la philosophie du xviiie siècle, en détruisant le gros obstacle de l'*Autorité*, sous toutes ses formes.

Nous nous figurons très mal, à présent, étant donné notre état anarchique et nos habitudes d'indépendance, à quel point on avait alors cet esprit d'*obéissance* aveugle, que dix-sept siècles d'oppression et de catholicisme n'avaient fait que renforcer.

Il était de bonne heure imposé à l'enfant dans les *écoles*, où l'on se contentait de répéter, depuis des siècles, les mêmes choses, sans jamais les contrôler ni les discuter. Il y avait bien eu, au temps de la Renaissance, un commencement d'émancipation, grâce aux grands écrivains : Rabelais, Montaigne, etc., grâce aussi à la création du Collège de France, d'un esprit plus novateur et plus libre ; mais, tout était rentré peu à peu dans l'ordre ou plutôt dans la routine. L'Université, en digne fille de l'Eglise, se montrait aussi intolérante, sinon plus que sa mère. N'avait-elle pas aussi ses dogmes, tout autant intangibles ?

On façonnait, par cette méthode, un nombre incalculable d'esprits routiniers, livresques, des perroquets coulés tous dans le même moule, des Thomas Diafoirus, vides d'idées et pleins de mots ; si verbeux, qu'on ne savait par quel bout les prendre.

Malheur aux esprits forts qui osaient porter une main sacrilège sur le sacro-saint enseignement des pieux scholastiques. La prison ou la grillade leur apprenaient le respect qu'on doit à l'Autorité.

Un brave professeur avait été exilé à 30 lieues de Paris, pour s'être permis de critiquer une proposition d'Aristote, le dieu de la philosophie et des lettres, mort depuis 2,000 ans.

On en était toujours en médecine aux idées d'Hippocrate et de Galien. Roger Bacon avait été enfermé 24 ans, pour avoir osé se révolter contre elles.

Les rares curieux qui osaient disséquer des cadavres, ne pouvaient le faire qu'en cachette, après les avoir dérobés au gibet, et au péril de leur vie. Anathème, clamait l'Eglise (qui en faisait brûler vifs des milliers tous les ans), vous osez toucher au chef-d'œuvre de Dieu. Aussi on ignorait la circulation et les fonctions des organes les plus importants ; on croyait toujours aux quatre humeurs d'Hippocrate, et tout l'art des médecins se réduisait à saigner et à purger. Louis XIV et tous les grands l'ont été presque tous les jours de leur vie, et Molière n'a rien inventé dans son *Malade imaginaire.*

En physique, on enseignait toujours les quatre éléments : l'eau, la terre, l'air et le feu. La chimie n'existait pas. On croyait à l'alchimie. Des hommes s'obstinaient à chercher la pierre philosophale et la transmutation des métaux en or. Ils n'eurent jamais plus de succès qu'au xviie siècle.

Copernic n'avait osé publier ses admirables découvertes sur le système du monde, qu'à son lit de mort, trente ans après les avoir trouvées, et Galilée était jeté en prison pour avoir affirmé cette vérité : la terre tourne.

Descartes lui-même, pour publier sa méthode nouvelle, dut se cacher en Hollande, puis s'enfuir en Suède où le climat rigoureux le tua.

L'esprit humain suivait donc docilement l'ornière de la routine, ou y piétinait sur place. L'immortel honneur de Descartes est donc de l'avoir violemment arraché au sentier battu et de l'avoir lancé à la poursuite de la *Vérité* sur la voie du Progrès.

Le mal — mais il était inévitable et immense surtout au début où l'expérience manquait, — c'était de proclamer la souverainoté do la Raison ot qui plus est son *infaillibilité*.

Il eut fallu parler de la nécessité de son éducation, de ses erreurs, de ses faux pas, de ses reculs et de ses progrès futurs. Il n'y songea pas, et tout entier à sa révolution, il dit que le sens commun, c'est-à dire la Raison de tous, est *également* départi à tous les hommes et qu'il est suffisant pour résoudre toutes les questions.

Lui-même ose en donner un éclatant exemple, en rejetant au creuset de son puissant génie toutes les sciences de son temps. Rien que cela! Tout y passe ou presque tout : mathématiques, sciences physiques et naturelles, il reprend tout par le commencement.

Il *doute* de tout et résout tout, armé — en apparence — du seul bon sens.

La Fontaine le croyait plus qu'un homme, presque un dieu. Il ne se trompait guère, car, en plus que nous tous, Descartes avait *le génie*.

Il ne fit grâce qu'à la religion par peur ou par prudence, car les *grillades* de mécréants étaient encore fréquentes. (Il avait sous les yeux, notamment la récente affaire de Galilée.)

Quoi de plus flatteur pour le public que cette affirmation et qui pouvait mieux qu'elle enlever aux ignorants cette modestie et cette hésitation, ce respect — qui allait jusqu'à la superstition — pour tout ce que le passé avait légué? Chacun allait se croire un Descartes et se mêler de raisonner sur le monde et de le réformer ; témoin le paysan de La Fontaine, avec son gland et sa

Rousseau plus tard en sentit lui-même l'excès et, dans les consultations qu'il offrit aux Polonais, aux Corses, y apporta des tempéraments, comme il arrive toujours, chaque fois qu'on descend des principes à la *pratique* des choses.

Voltaire, comme on l'a vu, trop fin et trop pratique pour s'y laisser prendre, railla malicieusement Rousseau, et passa. Mais le siècle y crut. Le résultat fut effroyable. Tous les *excès* de la Révolution en sont sortis. Ce fut donc comme un évangile nouveau, une croisade contre les abus. Si l'on n'avait détruit que cela qui oserait s'en plaindre. Mais on risquait d'emporter dans la tourmente et on emporta, en effet, la plus belle et la plus pénible acquisition des siècles vécus, je veux dire le pur esprit chevaleresque, l'oubli du *moi*.

A la suite de Rousseau tout le monde se dit sensible, bienveillant, bon, humain, philanthrope, que sais-je ? « Tous, jusqu'aux moindres mâtins, au dire de chacun, étaient de petits saints ». Les salons, alors souverains, menèrent la danse, moitié conviction, moitié snobisme.

On éleva des temples à l'Amitié, à la Bienfaisance....., les grandes dames adoptèrent les orphelins et patronnèrent des œuvres humanitaires. On crut de bonne foi retourner à la bonne nature, à l'amour libre et heureux comme dans la *Nouvelle Héloïse*. On pleura de tendresse au récit des tortures de Calas, de Sirven, de tous les opprimés. On versa des torrents de larmes avec Diderot dans le *Père naturel*. On s'habilla en bergers et en bergères, à la mode de Berquin. Le roi et la reine quittèrent le froid et majestueux Versailles pour les petits cabinets de Trianon.

En somme, on s'amusa énormément de ces nouveautés. Les dames donnaient le sein à leurs marmots en plein salon. On connut la douceur de vivre, comme le dit Talleyrand. Cela durait encore que déjà se dressait aux carrefours la silhouette anguleuse de la guillotine. On s'endormait content de soi. Quelques-uns ne durent se réveiller qu'en exil ou sous le couperet.

Que s'était-il donc passé ? Presque rien, en *apparence* du moins.

On s'était cru *bon ;* on était resté méchant et la poche à fiel, un jour, avait crevé. On n'avait fait que jouer du sentiment, comme on joue de la harpe. Une grande dame très sensible avait abandonné son fils naturel sur les marches de l'église Saint-Jean-le-Rond et ce fils, d'Alembert, avait eu le mauvais goût de s'en souvenir.

Puis, la Révolution était venue démentir et démontrer à la fois la théorie, c'est-à-dire en réalité la brouiller, en montrer le néant ; car vit-on jamais à la fois tant de crimes monstrueux et d'admirables héroïsmes, et l'homme, enfin libre, ou plutôt *déchaîné*, descendit-il jamais si bas, et s'éleva-t-il jamais si haut, fut-il jamais si près de l'ange et si voisin de la bête ? Et ne suffit-il pas d'évoquer, en regard l'une de l'autre, la vision des tricoteuses et celle de Hoche ou de Viala ?

Jamais société ne vit à la fois tant de sauveurs et tant de moyens de sauvetage. On peut dire que ce fut l'âge héroïque de *l'individualisme.* Chacun se croyant bon, appliquait ses théories humanitaires, et, sans hésitation, coupait des têtes pour le plus grand bien de l'humanité. Je suis persuadé, pour ma part, que les plus farouches despotes, les Marat ou les Robespierre étaient de bonne foi et croyaient travailler sous l'œil bienveillant de l'Etre suprême. Double méprise causée par l'ignorance et l'isolement de l'individu.

Car il est temps de le dire, on n'avait affaire qu'à des empiriques, appliquant chacun à la société malade, un emplâtre de sa façon. Le dernier et le plus charlatan fut Bonaparte, qui lui fit, en vingt ans, une série de saignées de trois millions d'hommes et la laissa exsangue, dans un état d'hébêtement où elle est encore — grâce aux médecins nationalistes qui en vivent d'ailleurs fort bien.

Tout ce qu'on pouvait tirer de bons effets d'un système mauvais en soi, on les avait donc tirés, et on légua à l'histoire des exemples immortels d'héroïsme militaire et civique. Il ne restait plus qu'à cueillir les fruits verts ou corrompus, et ce fut l'œuvre des gouvernements qui suivirent.

**

Un homme d'Etat s'était écrié, dans un accès de franchise : « Enrichissez-vous ». Le conseil était vraiment superflu, chacun ne pensant désormais qu'à cela. Le Tiers-Etat, c'est à-dire la bourgeoisie, était devenue et est encore *tout*.

L'industrie naissante avait, grâce à la

vapeur, au charbon et aux chemins de fer, permis de faire de rapides fortunes, et une caste nouvelle s'était peu à peu installée confortablement dans toutes les fonctiòns, laissant au peuple les vils métiers. C'est dans cette nouvelle Bastille qu'elle se tient désormais et d'où elle compte bien ne pas se laisser déloger. Elle a créé, à l'usage du peuple, des formules magiques : Sainteté du capital, liberté de l'individu... Et elle fait travailler ses capitaux ! ! ! C'est même sa seule façon de travailler.

Que la bourgeoisie tienne un tel langage et essaie de prolonger un état de choses dont elle profite, c'est son droit. Mais qu'elle persuade en même temps les non possédants, c'est à dire la majorité, c'est plus étrange ; et cependant cela est. On ne saurait le nier. L'égoïsme, l'amour exagéré de soi, conséquences de la théorie de Descartes et de Rousseau ; la religion des *droits* de l'homme et l'oubli des *devoirs ;* les théories de l'Etat-Providence, dont on attend tout sans rien lui donner ; la lutte pour la vie, la rapacité commerciale et la duplicité industrielle, la définition du commerce « un vol autorisé » ; autant d'effets lointains, mais certains de l'individualisme, ondulations uitimes d'une cause éloignée et en partie oubliée.

IV

Tableau des effets présents de l'individualisme.

Il faut maintenant, que nous avons trouvé la cause du mal et recherché les premiers effets dans le passé, que nous montrions ses ravages dans la société actuelle.

Une société, comme une foule, peut s'observer de plusieurs points différents et donner ainsi à l'observateur des impressions diverses. Nous en choisirons quelques-uns.

Un de ceux qui, à mon sens, donnent le mieux la sensation d'affreux isolement où vit chaque individu, dans la société actuelle, est l'idée d'Etat.

Il est entendu que nous sommes théoriquement tous prêts à mourir pour la patrie. Mais, en attendant, que de ruses, de démarches, de coups de piston, pour échapper au sort, ou bien pour ne faire qu'un an ; et si la guerre était proche, vous verriez tous les puissants rechercher, pour eux-mêmes ou pour les leurs, les bons postes sans dangers, les corps qui *suivent les autres*. Ce fut ainsi en 1870, et ce serait ainsi demain si nous devions « écoper ».

Chacun sait qu'à l'heure actuelle, la loi de trois ans est violée outrageusement par tous ceux qui le peuvent sans danger ; que les séminaristes sont exempts de tout ce qui est un peu dégradant, que tous les « fils à papa » — c'est à-dire ceux qui *doivent* le plus à l'Etat — sont ceux qui lui rendent le moins, puisque presque tous échappent actuellement à l'obligation des trois ans, les uns, comme élèves de diverses écoles, les autres, comme ouvriers d'art (?), si bien qu'il n'y a plus que les pauvres diables, fils d'ouvriers ou de petits cultivateurs, qui font leur *devoir,* parce qu'ils ne peuvent pas faire autrement.

Un autre phénomène non moins significatif, est l'idée que l'on se fait de la propriété de l'Etat, du bien de l'Etat, c'est-à-dire du bien commun à tous.

Il est évident que le principe de la propriété, une *fois admis*, la chose est *sacrée*, quel que soit le propriétaire. Eh bien! il n'en va pas ainsi. On reconnaît la propriété *individuelle*, c'est-à-dire le bien, l'argent de Pierre ou de Paul, mais nullement la propriété *collective*, c'est-à-dire d'une société ou de la société.

Une foule de gens qui se croient très honnêtes, c'est-à-dire qui n'ont ni tué ni volé, et qui se feraient scrupule même de dérober, comme on dit, « une épingle à leur voisin », volent l'Etat, — et s'en vantent.

C'est une chose de notoriété publique, surtout en matière d'impôt, que l'on donne le moins qu'on peut, et non pas seulement quand on est trop pauvre pour cela et que c'est matériellement impossible, mais même — j'allais dire *surtout* — quand on est riche, très riche, trop riche, et que donner à l'Etat serait une façon de restituer à tous ce qui a été pris à quelques-uns.

Et pourquoi se gênerait-on, puisque « voler l'Etat ce n'est pas voler ». Belle maxime qui autorise toutes les vilenies, lorsqu'il s'agit de l'Etat, et qui fait qu'on ne se gêne pas pour gâter à plaisir les édifices publics, le mobilier des écoles, — (vous voyez qu'on apprend tôt ces maximes), — tandis qu'on respecte le *bien d'autrui*. Il est vrai qu'on est d'accord avec l'Eglise et en règle pour l'autre vie, puisqu'il est dit : « Tu ne prendras pas le bien d'autrui. » Or, l'Etat n'est

pas autrui, c'est certain. Donc, on peut le
piller, c'est logique. Et on ne s'en prive pas ;
depuis l'enfant jusqu'au citoyen raisonnable,
en passant par le rond-de-cuir et le budgé-
tivore !.....

Nous assistons, à l'heure actuelle, à un
pillage en règle, sous l'œil bienveillant de
l'autorité, garde champêtre ou magistrat,
de nos richesses collectives, c'est-à-dire les
plus précieuses.

Et n'essayez pas de faire entendre à ce
descendant des Vandales, qui brise quelque
chose à l'Etat, qu'il nuit à tous et, par conséquent, à *lui-même*, tout le premier ; il vous
répondrait en mettant sans scrupule le feu
à l'Hôtel de Ville ou au Musée, et croirait
bien faire, puisque ça ferait toujours travailler quelqu'un, ça ferait, selon lui, mar-
cher le commerce.

Encore une fois, pourquoi tout cela ?
Parce que la société actuelle est tellement
organisée, qu'on ne s'y est soucié que des
individus, — parce qu'elle est un produit,
une résultante de l'*individualisme*, sous sa
plus détestable formule : l'égoïsme.

*
* *

On a l'habitude de considérer tous les
effets de la Révolution de 1789 comme excellents. — C'est là un raisonnement *a
priori* — que l'habitude a fortifié, au point
d'en faire *une superstition* — celle *du bloc.*

Mais il est certain que cela est fort exagéré ; et qu'il est facile de signaler quelques
fâcheux effets, notamment l'émiettement
de toutes les forces sociales, par le triomphe de l'*individualisme.*

Reprenant un mot célèbre et juste, nous dirons : « L'*individualisme, voilà l'en nemi*. » Nous ne pouvons nous sauver qu'en le terrassant.

Et pourquoi ne pas en convenir tout d'abord et avec une entière franchise ? La vieille société française, par certains côtés, était *supérieure* à la nouvelle. Je ne veux pas dire pourtant que tout y était parfait et qu'il ne nous reste qu'à retourner à ce bon vieux temps. Il y avait bien des abus, assurément. Mais ils étaient plus sensibles du dehors qu'au dedans, et ils le sont surtout à *nous* qui ne voyons souvent que la surface des choses.

Dans la réalité, ils étaient *tempérés* et même annulés souvent par des institutions, surtout par une certaine condescendance des grands pour les petits, une affection réelle et sincère des petits pour les grands ; certains *liens de solidarité*, aujourd'hui invisibles à une trop grande distance, mais cependant très forts, en un mot partout un ensemble d'excellents préceptes de conduite que nous avons perdus en chemin pour notre malheur.

En voulez-vous un exemple frappant ? Regardez ce qui se passe, chez nous, pour les gens de maison. *Théoriquement,* ils sont les égaux de leurs maîtres, ils ont les mêmes droits civils et politiques ; ceux-ci eux-mêmes n'oseraient le nier.

Mais combien est différente la réalité ! Le hobereau le plus hautain de l'ancien régime était bien *plus près* de ses gens que le moindre parvenu d'aujourd'hui. Il vivait avec eux, prenait part à leurs joies et à

leurs peines, consentait souvent à tenir
comme parrain leurs enfants sur les fonts
baptismaux, en casait un grand nombre ou
les retenait à son service, dès qu'ils en
avaient l'âge. Beaucoup de ces fils de ser-
viteurs étaient frères de lait de leurs maîtres, et cela leur était compté.

Il en était de même de leurs enfants na-
turels. Ils n'avaient assurément pas raison
d'en faire ; mais au moins savaient-ils réparer le mal. Ils pourvoyaient à l'éducation
de l'enfant, lui assuraient parfois une
rente, le suivaient toute leur vie avec intérêt. La mère non plus n'était pas oubliée.
L'histoire est pleine des exploits de ces bâ-
tards et des legs que nos rois ont faits à
leurs maîtresses.

C'est avec Louis XIV surtout que cette vie
en commun dans le manoir a disparu. Et ce
fut un grand malheur. Le noble vint à la cour,
s'y corrompit et le valet, à son exemple.

Mais, les liens étaient si forts, la solidarité était si grande, que, longtemps, les do-
mestiques restèrent attachés à leurs maîtres. On les a vus, sous la Révolution, s'in-
génier, pour les sauver, risquer leur vie, ou
mourir avec eux.

Tandis qu'aujourd'hui, le maître et le
valet, bien qu'égaux en principe, sont *plus
éloignés* l'un de l'autre qu'ils ne l'ont jamais
été. Ce sont deux ennemis qui vivent côte
à côte, par nécessité. Le maître, tout entier
à ses plaisirs et à ses jouissances, c'est-à-
dire à la débauche qu'engendre l'oisiveté,
cherche à se donner le maximum de plaisir
individuel, sans se soucier des besoins de
sa valetaille qu'il regarde en pitié du haut

de ses millions. S'il a des fils, il les laisse
jeter leur gourme et trousser les bonnes.
Ça ne fait pas de scandale, la plupart du
temps, et ça ne coûte pas cher, l'enfant
trouvant à satisfaire ses vices précoces à la
maison.

Si, parfois, une fille de service se trouve
prise, on la pousse dehors, et tout est dit.
Qu'elle aille se faire pendre ailleurs. Nos
villes regorgent de ces malheureuses filles-
mères, qui ont été ainsi mises à mal par les
fils de leurs maîtres ou par leurs maîtres
eux-mêmes. Elles deviennent, ensuite, des
étoiles de cafés-concerts ou de brasseries,
et d'autres fils à papa les mettent dans leurs
meubles, en attendant qu'elles finissent à
l'hôpital ou sur le trottoir.

On a jeté les hauts cris quand Octave
Mirbeau a publié le *Journal d'une femme
de chambre.* On a crié à l'exagération.
Chacun sait, cependant, qu'il est resté *au-
dessous* de la réalité. Il n'eût pas pu dire
certaines choses, même en latin.

La vérité, c'est que ce monde inférieur,
méprisé, humilié, corrompu par les maîtres
ou à leur exemple, *se venge* de façon
effroyable. On commence par faire danser
l'anse du panier, on finit par *voler* le maître. On lui porte à manger des choses *in-
nommables,* pour le plaisir de le voir se
pourlécher des restes de la cuisine. Chacun
tire à soi le plus qu'il peut, et fait « sa pe-
lote ». Le dévouement, la déférence ont fait
place à une lutte sourde, un mépris réci-
proque, résultat d'un furieux égoïsme et
d'une égale corruption.

Cependant, maître et valet se retrouvent,

égaux, en apparence, devant l'urne électo-
rale, armés, l'un et l'autre, de leur bulletin
de vote. Seulement, le valet n'a pas choisi
son bulletin et vote par *ordre*, sous l'œil du
maître. Sent-on la contradiction qui existe
entre cet acte d'homme libre, de citoyen
indépendant et l'état de valet ? Elle me
semble énorme et bien caractéristique de
notre époque troublée et anarchique.

Après la Révolution, il n'eût plus fallu
de valets. Il n'y en eut jamais tant. Il eût
fallu, il faudra toujours une hiérarchie de
talents et de mérite, fondée sur l'équité ;
on n'aurait dû rencontrer que des groupes
de collaborateurs associés à une même
œuvre, les uns devant, les autres derrière,
comme un attelage bien fait. Au lieu de
cela, on a reconstitué l'esclavage antique
et l'asservissement des uns par les autres.
On devine les conséquences.

*
* *

Voici une chose qu'on peut voir fréquem-
ment à la campagne et peut-être à la ville,
mais moins facilement à cause des rapports
plus rares entre voisins.

Un drôle quelconque, enfant ou valet,
vole, au su de tout le monde, son père ou
son maître. On le sait dans le voisinage, la
nouvelle se colporte rapidement, les plus
curieux vont jusqu'à se mettre en embus-
cade, si la chose est possible, pour jouir du
spectacle, mais il ne viendra à l'idée *de per-*
sonne de molester les coupables ou de pré-
venir les victimes. Si même quelqu'un
mieux intentionné ou plus dégoûté, parle
de dévoiler la chose, il se trouve toujours

i

de bonnes âmes pour faire des recommandations de prudence à l'intrus : « de quoi vous mêlez-vous ? Est-ce à vous qu'on prend quelque chose ? Qu'avez-vous besoin d'aller vous mettre une affaire désagréable sur les bras ? » Et on ajoute un dernier argument : « Vous savez bien qu'un tel vous en voudra et qu'il pourra se venger sur vous ! » Et aussitôt, l'homme d'en démordre et les choses de rentrer dans l'ordre. Tout le monde se contente de répéter qu'un tel a l' « honneur » de faire telle chose.

Si les autorités sont prévenues par lettre *anonyme*, et qu'une enquête soit ouverte, une autre comédie commence : on ne peut rien apprendre de précis. Chacun se dérobe. On n'a rien vu, rien entendu ; ou bien, ce n'est presque rien. On a seulement *entendu* dire, on s'est laissé dire, ou mieux encore : « d'aucuns disent », — ou bien : « il y en a qui prétendent que... » Le moindre garde champêtre qui instruit une affaire a entendu cent fois ces propos ou d'autres semblables.

On pourrait croire que c'est par esprit de solidarité, pour sauver un parent, un ami, pour qu'on ne dise pas que, dans le village, il y a des gens de cette sorte, pour protéger, en un mot, l'individu, comme l'on voit les bœufs ou les moutons mêmes se grouper, se serrer, faire front au danger. Nullement. C'est par *peur* d'être appelé en témoignage. Non pas même la crainte de perdre du temps, car ceux-là qui se sont dérobés au devoir impérieux de dire la vérité, courront à l'audience pour voir se dérouler l'affaire et en parleront en rentrant chez eux, quand il n'y a plus de danger.

Aussi que de peines, que de ruses il faut aux enquêteurs pour arracher quelques lambeaux de vérité. Ils n'y arrivent guère que par surprise, à l'insu des témoins. Et à l'audience donc ! C'est une série de dénégations, une cascade de rétractations qui retombent les unes sur les autres, menaçant de tout submerger. « On n'a pas dit cela ! » C'est parfois tout le contraire qu'on veut dire », — et qu'on dit. Il y a sûrement de nombreux mobiles, mais le plus sérieux est toujours ce souci exclusif de soi, *l'individualisme*, l'égoïsme, le culte du *moi*.

Même entre les membres d'une famille, là où il semble que « la voix du sang » doive parler, on n'entend rien. Le phénomène est le même, parfois pire. On ne veut rien dire pour sauver l'innocent ou bien on ment, on exagère pour l'enfoncer : la vendetta n'est pas un produit spécial à la Corse.

*
* *

Il en va de même dans le monde commercial. Plus de relations, de bonne et *solide* amitié, de détente, de repos. « Les affaires sont les affaires » et de courir pour distancer les concurrents — course au clocher effrénée où les chutes, les accidents, les défaillances (qu'on appelle des *faillites*) font l'affaire du vainqueur, qui sera demain un parvenu — c'est-à-dire un inutile. C'est ce qu'on a appelé d'un nom anglais : le *struggle for life*, la « lutte pour la vie » et qu'un ignorant traduirait avec vraisemblance « l'étranglement du gêneur ». Et, en effet, que de crocs en jambes dans l'ombre, quand on est à l'affût d'une bonne affaire et qu'un importun vient à la traverse, que de coups du père François, auprès desquels les ruses légendaires du Canaque ne sont que jeux d'enfant. Faut-il parler du petit truc des fausses nouvelles, des dépêches supposées (Bismarck n'est qu'un écolier avec sa dépêche d'Ems), des nouvelles à sensation (comme la mort de Bismarck, ou de Rotschild, la démission de tel ministre, une bombe à l'Opéra...) qui ont pour résultat de remplir quelques caisses en en vidant d'autres, et de créer une catégorie de riches parvenus, dont les fils feront leur « *droit* », dont les filles épouseront des nobles ruinés ou des officiers en mal de parvenir ? Mais à quoi bon insister ? Avons-nous oublié Panama et les scandales du Chemin de fer du Sud ou des mines d'or et mille autres affaires — sans compter l' « Affaire » — qu'alimentent ceux dont la profession est de pêcher en eau trouble.

C'est ce que les gens de la campagne, en Picardie, expriment par ce proverbe, férocement égoïste et vrai, tout au moins aujourd'hui et pour longtemps encore : « el mort d'ech vieu, chél' santé d'ech porcheu » ce qui veut dire, avec le rythme et la force en moins : « la mort du veau, c'est la santé du porc ». Appliquez cela aux hommes et vous aurez un fidèle crayon de notre belle société où quelques hardis grimpeurs se sont élevés — à la force des pieds et des mains, autant dire des dents et des ongles et de tout ce qui peut faire mal — au sommet d'une pyramide de souffrance, de malheur et d'injustice.

*
* *

La famille étant à ce point anarchique,
et, de ce fait, le premier lien venant à man-
quer, tout s'en ressent. Quels sentiments
un homme, qui n'a pas tendu à son frère
une main secourable, aura-t-il pour un
étranger? Que lui importe la détresse de
son voisin? Dans les grandes villes, les
gens d'un même immeuble ne se connais-
sent plus, et du 1er au 6e étage, il y a des
représentants de toutes les conditions hu-
maines. On a une excuse si commode !
« S'il fallait penser à tous ! » C'est encore
la vieille maxime : « Chacun pour soi et
Dieu pour tous. »

Et puis, « la vie est devenue si difficile ! »
Cela excuse tout. Il faut bien vivre. Et
l'on joue des coudes, on se bouscule, on
s'écrase. Tant pis pour les écrasés. C'est la
lutte pour la vie. Les savants l'ont déclaré.
Et l'on prend à témoin la vie au sein de la
mer, où l'on voit les gros qui mangent les
petits.

C'est dans l'industrie et le commerce que
l'on peut le mieux voir les effets de cette
aberration morale et que l'on peut le mieux
mesurer le chemin parcouru... à reculons.

S'il est un genre d'industrie qu'il importe de surveiller étroitement dans l'intérêt de la santé de tous, ce sont les industries alimentaires. Il semblerait logique
que la société prît toutes les précautions
pour que les produits offerts au public fus-
sent de toute première qualité, sains, bien-
faisants et d'un prix abordable, quand ils

sont de première nécessité, comme les produits pharmaceutiques. Il faudrait plus.
Il faudrait qu'elle se chargeât de fabriquer
elle-même, sous un contrôle effectif et sé-
vère, les plus dangereux ou les plus importants. C'est ce qu'on a compris pour les
allumettes, le tabac. Mais, on n'a pas songé ou osé aller plus loin, et les pires alcools,
les mixtures les plus meurtrières, les on-
guents les plus étranges, les pilules de toutes sortes les plus nocives, sont outrageusement vendues *au centuple* de leur valeur
réelle, sous l'œil indifférent de l'autorité.

On vend du chocolat garanti pur sucre,
où il n'entre ni cacao, ni sucre, mais où il
entre par contre beaucoup de terre de
Sienne. L'autorité le sait. Mais qu'un savant indigné ose le dire, il est poursuivi
par l'industriel assassin, et puni, parce
qu'il a porté atteinte à la *liberté* du commerce, c'est-à-dire du vol et de l'empoi-
sonnement. Cependant, s'il a un nom connu,
par exemple, s'il est docteur, il peut vendre son nom et son titre et vanter, sans
danger, et même avec de beaux profits
pour lui-même, les produits les plus mauvais et patronner les réclames les plus men-
teuses : il ne porte plus atteinte à la liberté
qu'a l'industriel de nous empoisonner.

Il se fait ainsi, tous les jours, à l'abri de
la loi, de scandaleuses fortunes que *l'Etat*
finit toujours par sanctionner de son ruban
rouge de la Légion d'honneur. Telle maison gaspille en réclames *humanitaires,* plus
d'un million par an, que le public paie sans
s'en douter, sans compter les 400 ou 500
mille francs qu'elle empoche.

Ce n'étaient d'abord que de hardis bras-
seurs d'affaires qui osaient cela, des Gé-
raudel ou des Barnum. On a perfectionné
la chose. Comme on vit là un bon place-
ment, sûr, puisqu'on exploitait la bêtise
humaine, on se mit à plusieurs, on fit des
sociétés *anonymes*, pour la vente de tous ces
produits. Bientôt on verra des *trusts*, associations de puissants malfaiteurs, qui, avec
la complicité de la presse, seront plus forts
que la société, si elle reste composée *d'individus* sans lien, sans défense ; tant qu'elle
sera une foule, un tas, au lieu d'être un
corps organisé, et, par conséquent, en état
de se défendre.

Il faut les pires fléaux, comme l'alcoo-
lisme ou la dépopulation, pour tirer
l'Etat de sa torpeur et lui faire prendre
quelques mesures... bien vite oubliées.
Il semble qu'il ait toujours peur d'offen-
ser ou de déranger de sa vieille routine le
sacro-saint *individu*. On peut affirmer que,
sans la généreuse initiative individuelle et
spontanée des savants — initiative que la
société est loin d'encourager et qu'elle gêne
souvent, — notre pauvre humanité, soi-disant civilisée, aurait cent fois péri écrasée
sous le poids de ses maux. Il est bien heureux vraiment qu'une société ne puisse
disparaître par le suicide volontaire !

*
* *

Notre conception de l'Etat témoigne hau-
tement aussi de cette disposition d'esprit
profondément individualiste, c'est-à-dire
égoïste. Dans un pays comme le nôtre où

le Gouvernement est — au moins théoriquement — l'expression de la volonté générale, il semble bien que les élus, une fois nommés, doivent être respectés jusqu'à l'expiration de leur mandat, sauf à les changer ensuite, si l'on trouve qu'ils ont failli. Au lieu de cela, nous les voyons, à peine en exercice, en butte aux railleries de tous et et traités communément de voleurs, de charlatans. Il y a tel citoyen j'm'enfoutiste, n'ayant pas pris part à une élection quatre fois dans sa vie qui pendant quarante ans traitera en bloc tous les députés de voleurs, de fripouilles. Comme un passager, qui aurait refusé de prendre part à la manœuvre en cas de péril, critiquerait le naufrage dont il serait responsable, au moins pour sa part.

Comment appeler cet état d'esprit et de quels sentiments procède-t-il ? Le plus important me paraît être un vague désir de profiter, dans la plus large mesure, des bienfaits de la société, sans se soucier des charges ; de s'inscrire à l'Avoir, côté profit, sans se mettre au Doit, côté dépenses, en un mot de vivre en parasite, *en égoïste*.

**
* **

En même temps, un des effets les plus curieux et les plus fâcheux de la liberté mal entendue, peut s'observer journellement chez nombre de commerçants, au moment où ils quittent les affaires.

Au lieu de préparer, pendant qu'ils sont aux affaires, leurs enfants au métier qu'ils ont exercé et où ils ont fait fortune, il semble qu'ils se fassent un malin plaisir de les en détourner, si, par hasard, ils y ont quelque goût ou quelque aptitude, en ne leur montrant que les mauvais côtés, les ennuis de leur profession. Et quelle est celle qui n'en a pas !

Cependant, y a-t-il rien de plus naturel et même de plus profitable pour l'enfant et la collectivité, que cette transmission ? Et l'enfant pourra-t-il, quoiqu'il fasse, trouver un meilleur maître que son père, un plus sûr, un plus désintéressé ? Et, à qui donc celui-ci donnera-t-il, aussi volontiers qu'à son fils, le fruit de son expérience ?

Il est vraiment curieux de voir le bourgeois, le *parvenu*, qui est, en général, si désireux de faire passer à ses enfants tous ses biens, néglige de tous, le plus *précieux*, l'expérience, c'est à-dire, dans beaucoup de professions industrielles, le tour de main, le secret de fabrication, une certaine manière de faire, à laquelle il doit souvent toute sa fortune.

Il n'en était pas ainsi autrefois. Les maisons passaient assez régulièrement du père aux fils. Il est vrai que le vieux bas de laine était lent à remplir, quand la vieille honnêteté était seule à y pourvoir ; et qu'on a trouvé mieux.

Mais, ce qui est plus fâcheux pour nous, c'est que ce mal sévit surtout en France, où règne, plus qu'ailleurs, un certain faux esprit de liberté individuelle, qui n'est qu'une des nombreuses formes de l'anarchie morale actuelle.

On dit : « Ne suis-je pas libre de faire de mon fils ce qu'il me plaît » ; ou plutôt :

« N'est-il pas libre de faire ce que bon lui semble ». Et le fils de l'épicier devient avocat. Il est vrai que le fils de l'avocat se fait épicier. Le notaire veut faire de son fils un médecin. Mais, le médecin entend que le sien entre dans la marine. D'ailleurs, celui-ci met tout le monde d'accord en passant dans l'armée.

N'y a-t-il pas là, sous prétexte de liberté, une véritable aberration logique, funeste à la *société*, plus encore qu'à l'individu.

Quoi de plus étrange que de voir ce savant médecin refuser à son fils les fruits de 40 ans d'études ou de pratique professionnelles pour les prodiguer à des étrangers.

Mais il y a mieux — ou pis — ; sans m'exagérer la force de l'hérédité des aptitudes, je crois cependant qu'une longue pratique d'un art ou d'une science pour lesquels on avait déjà soi-même un fort penchant *naturel*, doit développer chez les enfants cette même disposition, cette *vocation* ; et sans cette sotte manie qu'ont les parents de « débiner » leur profession ou d'en rougir devant leurs enfants, on verrait souvent ceux-ci suivre, avec profit d'ailleurs, la même voie : on peut dire qu'en général l'enfant commence par raffoler de la profession du père ; en quoi il montre du bon sens.

Mais on se hâte de comprimer, d'étouffer en lui ce premier éveil de l'esprit d'imitation ou de l'instinct héréditaire. Après, on dit : « Notre fils n'avait aucun goût pour le métier de son père. D'ailleurs, nous n'y tenons pas. Nous allons céder notre fonds pour lui acheter une charge d'avoué. » Imbéciles !

Il serait facile de montrer dans l'histoire des sciences, des arts ou de l'industrie, des familles où s'est perpétuée pendant des siècles la même vocation, jusqu'au jour où elle s'est manifestée, de progrès en progrès, dans un homme de génie qui en a comme moissonné toute la fleur. Qu'il suffise de citer les de Lionne, si aptes aux affaires, l'admirable groupe des Vernet, avec Horace Vernet au centre ; et ces puissantes maisons de commerce, qui font encore, grâce à leur esprit de suite, la loi dans les affaires. Et quel exemple — en passant — de la puissance de la solidarité.

Les mauvais effets de l'individualisme sont si nombreux qu'on n'a que l'embarras du choix. Nous n'en prendrons plus que deux : le petit commerce et la petite culture.

Tout le monde sait qu'il suffit qu'une « branche de commerce » soit bonne, pour qu'on s'y porte en foule. Et il semble qu'il n'y ait rien à dire à cela, en vertu de la sacro-sainte liberté individuelle. « Est-ce que le soleil ne luit pas pour tout le monde ? » vous répliquera-t-on, si vous osez avancer timidement quelque objection.

Cependant, voici une rue où deux chapeliers pourraient vivre honnêtement. Il n'y en avait d'abord qu'un qui vendait trop cher. Tout à coup il s'en établit deux, trois, quatre, cinq : « Tant mieux, s'écrie le partisan de l'individualisme à outrance, c'est la vraie liberté. Qu'ils se débrouillent, ce n'est pas notre affaire. »

C'est toujours notre affaire, puisqu'en fin de compte, c'est nous qui payons les chapeaux et en plus la *réclame* menteuse devenue nécessaire à chacun des chapeliers pour vivre, pour attirer ce public indifférent, ces têtes qui ne savent plus où se coiffer. Sait-on que certaines maisons font ainsi par an plus d'un million de réclames... parfaitement inutiles.

On dit encore que cette concurrence entre les commerçants les stimule à mieux faire et donne à nos rues un aspect riant. Je songe plutôt à la quantité de chapeaux perdus en montre, *mangés* par le soleil et au gaspillage qui en résulte.

Ce n'est pas tout encore. Toute cette débauche de papier, de prospectus, d'articles de journaux, n'a pas fait vendre *au total* un chapeau de plus ; et les quatre ou cinq chapeliers n'ont pas fait leurs affaires. On dit bien qu'à table quand il y en a pour quatre, il y en a pour cinq. Ce n'est vrai qu'autant qu'il y a de l'excédent. Ici ce n'est plus vrai du tout, et le chapelier, s'il veut faire *honneur* à ses affaires, n'a plus que la ressource du truquage, de la camelote, du trompe-l'œil et de l'attrape-nigaud, en un mot du vol autorisé.

Et il ne s'en prive pas. Il retape de vieux chapeaux qu'il revend comme neuf, il vend du panama qui n'en est pas, il donne du feutre qui n'en a que l'aspect ; que sais-je ! Il se plaint en même temps que les affaires ne vont pas, que les impôts et les loyers sont lourds et il demande à cor et à cris l'*appui* du gouvernement et un ministère protectionniste qui fasse vendre ses chapeaux bien cher. Ou bien, il fait *faillite*, quand il est trop honnête et le nombre des chapeliers retombe à quatre, trois et deux qu'il n'aurait jamais dû dépasser.

*
* *

L'exemple de la petite culture est encore plus probant. Le morcellement de la terre, commencé au xviie siècle, quand les nobles se ruinèrent par leurs folles dépenses de Cour et leur train de maison, continué au xviiie siècle, et accentué à la Révolution, n'a fait que s'aggraver depuis par suite des partages successifs entre les héritiers. Il parut d'abord un bienfait, et l'on s'en réjouit. Chaque paysan eut alors un coin de terre, tout petit, suffisant pour l'occuper, tant qu'il n'eut, pour le retourner, que la bêche, et la faucille pour le couper. Mais, la charrue, le brabant double, puis la moissonneuse et la lieuse, et la batteuse apparurent. Il aurait fallu alors, pour suivre le progrès, *grouper les parcelles* devenues trop petites. Au lieu de cela, on continua de les morceler par des partages. Les parts devinrent des journaux, des quartiers, des demi-quartiers. Il y en a qui n'ont plus que quelques verges qu'on couvrirait de la main. On les voit, en passant sur les routes ou en chemin de fer, s'aligner en bandes étroites et serrées, jolies à l'œil dans leurs teintes variées, mais d'une culture pénible, presque impossible.

Suivez les paysans qui les cultivent. A l'automne, vous les voyez s'en aller par douzaine, chacun avec sa charrue, sa herse, son rouleau, ou son paquet de grains. Ils peinent côte à côte, se gênent, se querellent pour les bornes qu'ils déplacent parfois, et perdent un temps précieux. Ils font à dix, un travail que deux hommes pourraient faire, s'ils s'entendaient mieux. Ils s'épient, se jalousent, n'osent pas mettre de fumier ni de grain trop près de leur voisin et perdent encore ainsi du peu de terre qu'ils cultivent. Au moment de la récolte, de nouveaux embarras surgissent. Il faut tracer la ligne de démarcation entre les propriétés. On écrase le grain en marchant dessus; on se dispute pour deux bottes de trop ou de moins. On plaide parfois. C'est encore du temps perdu. Enfin, chacun fauche et enlève son peu de grain. C'est un nouveau défilé de moissonneurs qui n'ont qu'un quart de jour à travailler et un quart à perdre en allées et venues, car il y a parfois 2 ou 3 kilomètres pour se rendre à la piécette ; cela se termine par une procession de voitures à moitié pleines, pour recommencer aussitôt. Qu'on essaie de se représenter la perte de forces et d'argent qui en résulte. On s'étonne que le paysan, si âpre a gain, n'ait pas compris les avantages qu'il tirerait de l'entente, de l'association des efforts.

La raison, c'est qu'il est profondément *méfiant*, égoïste, individualiste. Il se cache presque pour vendre son grain et ses bestiaux, pour acheter ses engrais (quand il en achète, ce qui est rare), comme il se cache pour boire son café ou manger un flan. Il n'entend pas qu'on *le voie*. Aussitôt qu'il a acheté une propriété, il « se ferme ». Il

n'a jamais assez de fossés, de clôtures, de
haies épineuses autour de ses propriétés.
Il relève sans cesse ses murs de jardin. Il
a peur, non pas seulement qu'on le vole,
mais qu'on le surveille.

N'entendant rien à l'association, trop
ignorant d'ailleurs pour la pratiquer, il la
nie. Le progrès, quand il pénètre chez lui,
s'impose par force. Il le subit, il ne le dé-
sire, ni ne le comprend.

Il en *mourra*, en France du moins,
s'il ne répare pas au plus vite le mal
produit par le morcellement et le travail
solitaire.

Et qu'on ne dise pas que le groupement
des parcelles est impossible. On pourra le
faire quand on voudra. Il suffit d'y apporter un esprit d'entente et de conciliation.
C'est déjà chose résolue dans plus de 800
communes de l'Est, sur l'initiative d'un
professeur d'agriculture, et les résultats en
sont merveilleux! (surtout en Alsace).

Ce n'est pas cependant encore tout ce
qu'on peut faire, et on doit coordonner les
efforts, après avoir groupé et classé les
terres.

Nous sommes de vingt-cinq ans en arrière, et c'est de cela que souffrent nos
campagnes. Le protectionnisme n'est qu'un
emplâtre qui ne nous guérira pas.

Un exemple suffira pour le montrer :
Nous avons été pendant longtemps les
seuls fournisseurs de l'Angleterre, en
beurre et en œufs. Notre exportation va
sans cesse en diminuant, tandis que celle
de la Suède, du Danemarck, avec ses 1,100
coopératives agricoles, du Canada, de la

Sibérie, même malgré la distance, va sans cesse en progressant.

La raison? C'est qu'en France l'individu, persistant à se servir d'intermédiaires qui le trompent avant de tromper l'acheteur, vend sans garantie des produits inférieurs, tandis que les associations danoises, par exemple, vendent avec garantie des produits de premier choix, fabriqués avec les appareils les plus parfaits. Rien de plus ingénieux que le contrôle qu'ils apportent à la vente des œufs. Chaque producteur met sur ses œufs, au moyen d'un timbre en caoutchouc, son nom et la date de livraison. Il est alors facile de lui retourner les œufs avariés et, s'il persiste à mal faire, de l'évincer de l'association.

En France, au contraire, aucun contrôle. Le cultivateur cherche à glisser, au milieu des œufs frais, des œufs couvés ou conservés. L'intermédiaire en ajoute, et... le client se fâche et se fournit ailleurs. C'est ainsi que nous perdons lentement un de nos meilleurs débouchés, quoique les mieux placés pour soutenir la concurrence.

*
* *

On dit qu'il faut un lièvre pour faire un civet. Nous prétendons aujourd'hui faire une société sans y mettre les éléments constitutifs et nécessaires, c'est-à-dire l'entente, la cohésion, ou, pour employer un mot plus juste et plus beau, la fraternité ; et, en même temps, une certaine hiérarchie ou interdépendance *volontaire,* basée sur le mérite propre et l'aptitude réelle, et non plus sur

un vain hasard de naissance, ni sur le coup
de piston.

Cependant, nous parlons d'esprit de corps,
de corps social, d'unité nationale. Autant
de mots vides, puisque nous entendons
conserver, à chaque élément de la société,
je veux dire à *l'individu,* une indépendance
absolue, non seulement en fait, mais en esprit ; et qui a pour résultat de le rendre
aussi peu sociable que possible.

Et qu'on y réfléchisse encore une fois,
c'est toujours la vieille et fausse conception
de l'homme idéal cher à Rousseau et
aux idéologues du xviiie siècle, de
l'homme bon, en soi, par nature, à l'esprit
naturellement droit et porté au bien, ce qui
est aussi faux — nous le répétons sans
cesse et nous essayerons de le prouver —
que le système opposé de la chute et du pé-
ché originel, parce que c'est aussi exagéré.

Et ce qu'il y a de curieux, c'est que nous
avons réussi à vivre, ou plutôt à ne pas
mourir, depuis près de deux siècles d'après
ce principe, comptant l'individu pour tout
et la société pour rien, répétant comme
cette toquée des « *Femmes savantes* : « Le
corps social, est-il d'une importance, d'un
prix à mériter seulement qu'on y pense,
et ne devons-nous pas laisser cela bien
loin ? »

Mais, *résumons* les beaux résultats du
système.

Et, commençons par la famille, car c'est
là sûrement que les effets du mal sont les
plus déplorables et qu'il importerait d'apporter d'abord le remède, c'est-à-dire un
esprit nouveau de solidarité.

On a dit et on répète encore tous les jours que cet esprit d'anarchie et de division était dû à la disparition de l'idéal chrétien, à l'affaiblissement du sentiment religieux.

Nous ne le pensons pas. Et le regrettons d'autant moins qu'il était rendu inévitable par la loi même du progrès en toutes choses.

Nous avons essayé de démontrer qu'il coïncidait avec la crise d'individualisme, et nous sommes persuadé qu'il disparaîtrait avec elle, puisqu'il n'en est que l'effet, le résultat nécessaire.

Mais, en attendant, où sont ces familles où des filles ou des cadets ne se mariaient point pour faire la part plus belle à l'un d'eux, pour qu'il puisse succéder au père ? Qu'est devenu cet esprit de solidarité, ce respect pour le père, pour le *vieux* toujours consulté, toujours écouté, et que des barbons n'osaient pas encore tutoyer, malgré leurs cheveux gris, parce qu'il avait des cheveux blancs !

A la place de cet esprit de famille, qu'y a-t-il ? Souvent rien. Car, l'égoïsme des parents ou le malthusianisme ont réduit les enfants à l'unité, quand ils ne les ont pas supprimés tout à fait (on sait les derniers scandales de l'ovariotomie, suppression volontaire de l'*ovaire* chez la femme).

Et quelle rapacité, quelle voracité, chez les enfants, s'il en est, malgré tout, venu plusieurs. Comme chacun essaie de tirer à soi toute la couverture ! Le fils unique est encore pire, parce qu'il est généralement plus mal élevé, plus gâté, plus égoïste.

Il faut passer la mer pour trouver un

reste de l'ancien esprit de famille, dans la société anglaise et c'est justement ce qui continue d'en faire la force sociale... et commerciale.

Le *féminisme*, — un certain féminisme ridicule et féroce — est un autre effet du même mal, qui pousse la femme à sortir de sa condition naturelle, qui est de faire des enfants et d'assurer la paix et le bonheur du foyer. On peut déjà calculer le mal de la concurrence qu'elle fait à l'homme dans certaines industries et professions, où elle n'est sûrement pas à sa place, puisque sa place est à la maison. La solution n'est nullement de lui faire partager toutes les places, mais de la faire *rentrer* dans la sienne, et d'esclave qu'elle s'est faite, ou que la société l'a faite, la forcer de redevenir la *reine du foyer*.

Je ne parle pas des rapports entre frères et sœurs, une fois mariés, *casés*. Même voisins et habitant le même petit village, ils ne se voient plus qu'à de rares intervalles, pour mariages ou enterrements, ils n'ont plus rien de commun, à part une basse rivalité d'intérêt et d'envie.

Plus de réunions de familles, plus de cordialité, surtout s'ils se trouvent sur divers échelons de l'échelle sociale, si l'un se trouve placé un peu plus haut que l'autre. Les affaires sont les affaires. On place des fonds en Russie ou en Chine, si on y trouve son avantage, on les donne à un banquier, plutôt que de perdre 1/2 p. % d'intérêt, et on laisse un frère ou une sœur, ou son père dans le plus cruel embarras faute de quelques centaines de francs. Qu'ils se débrouillent. Je ne veux pas me mêler de leurs affaires. Traduisez : « Je ne veux pas qu'on se mêle des miennes. »

Et le père abandonné, tout en se plaignant, trouve au fond cette conduite toute naturelle, et se promet qu'il en fera autant s'il en trouve l'occasion.

La famille étant divisée à ce point, la société ne pouvait l'être que davantage. Nous avons essayé de le montrer sous les différents aspects, où le mal est le plus sensible, le plus palpable.

Mais nous n'avons pu, dans ce rapide examen, indiquer tous les ravages de ce mal social, ferment de désorganisation des sociétés, et plus grand chez nous, pour notre malheur, que chez nos voisins. Il faudrait des volumes pour prétendre les relever tous. Et encore serait-ce possible ? Il semble qu'il s'en produise de nouveaux tous les jours, et de plus profonds.

Faut-il donc abandonner le corps social aux effets de ce ferment pathogène et le regarder tomber en déliquescence, ou constater tranquillement les progrès du mal, comme le fait Max Nordau dans son ouvrage de « *Dégénérescence* ».

Heureusement non ! Car les sentiments solidaristes ou altruistes, quoique faibles et comme étouffés à l'heure actuelle, par un furieux égoïsme, ne peuvent pas complètement disparaître, étant aussi humains que leur antagoniste. L'homme, malgré tout, est un être sociable.

Nous n'en voulons pour preuve que l'admirable et réconfortante floraison de sociétés mutuelles, de secours, syndicats ou-

vriers et agricoles, mutualités, universités...
de ces derniers temps.

Et dans l'ordre économique, le déve-
loppement merveilleux pris, ces derniers
temps, par les Coopératives, dans toute
l'Europe occidentale et particulièrement en
Danemark où l'on en compte 1,100, en
Allemagne, en Belgique où sont les deux
modèles de la Maison du Peuple et le
Wooruit, et surtout en Angleterre.

La France, elle-même, plus malade d'un
affreux égoïsme, s'est mise plus difficile-
ment en mouvement, et marche moins vite.
Cependant elle va.

Mais voyons les choses de plus loin.

Les Bienfaits de la Solidarité

I

Obstacles à son application.

Montesquieu ayant à parler de la solidarité dans son Esprit des Lois, dit : « la *solidité* des habitants d'une même commune », ce qui est assurément la même chose, mais prouve, par surcroit, que le mot n'existait pas encore. Il ne fut, en effet, employé qu'en 1765, par les encyclopédistes, et l'Académie n'en parle dans son dictionnaire qu'en 1798. C'est à Aug. Comte que revient l'honneur de l'avoir vulgarisé, il y a 50 ans, dans ses ouvrages de philosophie, en même temps que le mot sociologie, qu'il créa pour les besoins de sa thèse.

Cette nouveauté relative suffirait seule à expliquer pourquoi ce terme est encore si mal connu, et l'idée ou le sentiment qu'il représente si mal apprécié de la foule. Il y a cependant bien d'autres causes et plus profondes et plus graves, qui ont empêché le mot et la chose d'être entendus de tous. Et, comme ces causes subsistent toujours, et sont à peu près aussi toujours les mêmes, il importe de bien les déterminer.

C'est la *Morale courante,* les *idées reli-gieuses,* la doctrine des *philosophes,* des *savants,* et à leur suite et provenant d'eux, comme la lumière des planètes provient des astres, les thèses des écrivains de toutes sortes : poètes, romanciers, dramaturges, etc.

Et ces obstacles sont si nombreux, si imposants, qu'à première vue il semble bien qu'étant le nombre, ils doivent être aussi la raison. Et il est vrai de dire qu'à un mo-ment, qui n'est pas encore bien éloigné de nous, il y eut, — dans le monde savant surtout — quasi unanimité sur cette ques-tion. Tous, ou presque tous, *niaient* la solidarité humaine ; quelques voix à peine, et des plus timides, détonnaient dans ce concert. La question semblait enterrée. Elle est heureusement de celles qui ne meurent pas. Il semble même qu'à l'heure actuelle, et pour le plus grand profit de l'humanité, elle se porte assez bien.

*
* *

Examinons tout d'abord le premier de ces obstacles : la morale courante ou mo-rale d'intérêt.

Le mot qui exprime le mieux l'opinion sur la question est celui-ci : « Chacun pour soi et Dieu pour tous. » Et rien ne semble plus juste, à moins que ce ne soit cet autre : « L'homme est un loup pour l'homme. » Ou bien celui-ci : « Il faut des riches comme il faut des pauvres. »

Et cette opinion est si bien répandue, même parmi les opprimés, dont elle perpé-tue cependant la trop longue misère, qu'on

ne voit point, ou presque point ceux-ci
protester contre cette dure iniquité. A peine,
jusqu'à ce jour, a-t-on pu noter quelques
révoltes partielles et un commencement de
cohésion entre les faibles pour lutter contre
les forts.

La loi elle-même qui, en principe, peut
tout dans notre pays, a attendu jusqu'en
1884 pour tolérer les syndicats. Et l'on a
vu ceux-ci, même après qu'ils furent re-
connus officiellement, oser à peine, dans
les premiers temps, affirmer leur existence.
Aujourd'hui même, un grand mouvement
commence, mais seulement dans les villes.
A la campagne, sauf de rares et heureuses
exceptions, il est hostile ou incompris.

Cette opinion de la foule, si fausse et si
funeste, est entretenue par la force d'une
longue habitude et le spectacle, toujours le
même, d'une oppression universelle du
faible par le fort. Jetez les yeux autour de
vous ; au nord comme au sud, à l'est aussi
bien qu'à l'ouest, dans le vieux monde et
dans le nouveau, dans les républiques
aussi souvent que chez les despotes, les
gros mangent les petits qui se laissent
manger, — sans même protester, — comme
l'agneau de la fable.

Ici, c'est la Finlande, sous la botte du
czar ; plus près de nous, l'Alsace-Lorraine,
sous le talon de l'Allemagne ; l'Irlande,
opprimée et dépeuplée systématiquement
par l'Anglais ; plus loin, les Philippines,
déchirées par les Yankees ; la race noire
tout entière avec la race jaune, étouffée,
insultée, par les blancs de la libre Amérique ;
de l'autre côté, la Corée, entre la Russie et

le Japon, comme une noisette entre les dents
d'une paire de cisailles ; au Transvaal enfin,
une poignée de braves gens, Hollandais d'origine, mais depuis longtemps installés dans
un pays qu'ils ont civilisé et où ils ont fait
preuve des plus belles qualités morales, se
voient écrasés lentement, systématiquement, brutalement, par une race plus forte
en nombre, sans que les gouvernements
d'Europe tressaillent d'indignation, ni que
la conscience universelle proteste autrement que par des vœux stériles ou d'inutiles et emphatiques démonstrations de
sympathie.

Au dedans du pays, le spectacle n'est pas
moins curieux, ni moins triste ; on y voit
des écrivains qui, chaque matin, traînent
la race juive tout entière aux gémonies, ou
dénoncent tel ou tel sémite aux fureurs
populaires. On sait les suites d'une pareille
politique : des boutiques d'israélites pillées
par des foules furieuses ; Alger un moment
au pillage, comme si on en était revenu aux
pires moments du moyen âge ou de l'inqui-
sition.

Tels sont les faits dans toute leur bru-
talité. Ils sont graves et semblent démentir
la loi du progrès de l'humanité. Il est facile
heureusement de se rendre compte qu'ils
ne sont que les dernières conséquences,
mais nécessaires, d'une politique réactionnaire et d'un furieux individualisme, également condamnés.

D'ailleurs, la morale dite courante ou
commune n'est que l'expression des idées
communes, moyennes d'une société à un
moment donné. Elle *a changé* assez de fois,

dans le cours de l'histoire et suivant les milieux, pour qu'on puisse tenter de la modifier en changeant, par une *lente éducation*, les idées générales en politique, en religion, ou dans les rapports entre les hommes.

Cela se fait même lentement et pour ainsi dire tout seul, selon la lente évolution du progrès. Mais cela peut et doit se faire beaucoup plus vite par *l'action combinée* de tous ceux qui s'occupent de diriger la foule dans la voie incertaine du mieux. Et l'essor tout récent de tant de sociétés mutuelles entre adultes, de tant de syndicats professionnels, de tant d'*amicales* entre fonctionnaires, de tant de mutualités ou de petites A entre enfants des écoles, nous est un précieux témoignage de l'attention générale que l'on porte à ces questions de l'heure présente, et un gage de succès pour l'avenir.

*
* *

Il est un autre obstacle plus puissant à l'idée de solidarité. Quand on parle des dangers que fait courir à notre société la présence au milieu de nous d'un vestige de l'âge de pierre — j'entends la religion catholique, retombée en grossier fétichisme des premiers âges — il y a toujours quelqu'un pour vous répondre: « Mais vous ne voyez pas clair ; regardez donc autour de vous : la religion s'en va ; on ne va plus aux offices », ou bien on invoque le fameux droit que chacun a de penser et d'agir comme il lui plaît.

Je considère ces deux réponses comme

sophismes également fâcheux et funestes.

Et d'abord, qu'importe qu'on suive ou non les offices, si on continue de pratiquer le baptême, la communion, le mariage religieux et l'extrême-onction ; si on continue d'aller à Lourdes ou à Notre-Dame d'Albert ; si on continue de faire dire des messes pour le repos des morts ou pour la prospérité de quelques vivants ; si on bâtit toujours des chapelles et des églises, voire des basiliques comme celle de Montmartre en plein Paris, comme un grotesque éteignoir sur la Ville Lumière ; si, en un mot, on continue de croire que « plongés dans un océan de ténèbres », perdus depuis la faute de notre premier père au fond de cette « vallée de larmes » ; tirés toujours plus bas par nos vices originels, sans compter ceux que l'incrédulité a déposés depuis lors en nous.... Qu'importe que la foi se soit envolée, si les pratiques restent et *perpétuent l'idée* que l'homme est mauvais et la femme pire, qu'il faut baptiser ou tout au moins ondoyer les nouveau nés pour leur assurer à eux, pauvres innocents, la vie éternelle dont ils seraient privés par la faute de leur premier père ! Avons-nous le droit de rire de la crédulité des foules revenues au grossier fétichisme du sauvage et se contentant de remplacer le gri-gri par le scapulaire ?

Et ne continuons-nous pas, en dépit des principes que nous étalons pour nous distinguer, à passer à la filière des sacrements dont nous nous moquons ? Qu'on me cite les hommes aujourd'hui parfaitement conséquents avec eux-mêmes. Et l'on verra combien petit en est le nombre !

Cependant, ce n'est pas la pratique quasi grotesque de cultes surannés qui gêne l'essor de l'idée de solidarité. C'est le souci égoïste du salut obtenu par ces pratiques, c'est le classement suprême dans l'autre vie en bons, éternellement heureux, et en réprouvés, éternellement châtiés ; c'est la messe pour le repos *d'un tel*, le pèlerinage pour la guérison d'un autre, ce sont ces millions d'ex-voto dont on profane les temples et qui, naïfs ou cyniques, témoignent d'un *marché* où on a pensé prendre Dieu pour dupe, en lui donnant un œuf pour avoir un bœuf ; ce sont, en un mot, ces affaires *personnelles* traitées dans le grand marché des religions : l'argent consacré à toutes ces œuvres égoïstes (et je ne parle ni de la construction, ni de l'entretien des églises et chapelles), cet argent qui est comme soustrait au public sous les formes et par les *trucs* les plus divers : quêtes, troncs, lait et beurre, représentations et concerts religieux, dévotions particulières aux milliers de saints et de saintes, etc., cet argent, dis-je, forme une somme *fantastique*. Le réservoir principal où affluent ces sources d'or — sans compter les réservoirs particuliers des évêchés et monastères, — le Vatican, puisqu'il faut l'appeler par son nom, ce palais aux 20,000 fenêtres, où trône le veau d'or, recèle des trésors auprès desquels ceux des contes des Mille et une Nuits ne sont rien. C'est par *milliards* qu'il faut les évaluer, et je ne parle ici ni des tiares en or enrichies de pierres précieuses, ni des croix, crosses, chandeliers tout en or, ornés de joyaux.

Voilà le simple bas de laine du représentant de Jésus, le pauvre diable de Nazareth. Et cela n'est pas suffisant encore, puisque l'on continue d'y verser encore chaque année quelques centaines de millions.

A son exemple, le moindre évêque empoche annuellement quelques centaines de mille francs. L'archevêché de Sens vaut, paraît-il, deux millions. D'autre part, on sait que la fortune *avouée* ou avouable de toutes les pauvres congrégations est d'une dizaine de *milliards,* pour la France seulement.

Et vous vous dites : que de bien on doit faire avec tout cela ! Que de blessures on doit pouvoir panser ! Songez plutôt aux divisions politiques que l'on sème avec cet or, à la « bonne presse » qu'on subventionne, aux candidats que l'on pistonne, aux erreurs et aux errements qu'on *entretient* pour en vivre ensuite, grâce aux pieuses brochures, bulletins, croix, etc., en un mot, au mal réel que l'on fait partout et à la permanence de réaction, de division, que cela donne.

Il importe donc peu qu'on soit resté un croyant naïf, un dévot sincère ou un simple pratiquant, un bigot, puisque le résultat est le même, s'il n'est pire, qui est de diviser les hommes et de ne s'occuper que de *l'individu.*

Quant à l'argument de la liberté que chacun a de croire et de pratiquer le culte qui lui plaît, il ne vaut guère mieux.

Car, que dirait-on, je suppose, d'un citoyen qui voudrait s'en tenir aux pratiques de l'anthropophagie ? Et à quelle distance

est de ce barbare celui qui, non content de
manger un homme, croit avaler un dieu, le
sien ? Qui assiste au *sacrifice* de la messe,
qui voit la *victime* sur l'autel, qui entend
parler de *sang,* de *mort,* d'agneau pascal...
De combien est-il au-dessus ou au-dessous
du sauvage ?

*
* *

Mais il y a pis, et le principal obstacle est
dans le culte quasi-superstitieux que nous
avons voué à toute science, vraie ou fausse,
nouvelle idole. Le respect que nous avons
aujourd'hui pour les arrêts de la science,
donne aux opinions des savants une importance telle qu'on frémit à la pensée de la
prodigieuse puissance dont ils jouissent.
On peut dire qu'ils ont arraché à Jupiter
ses foudres. Et ce n'est plus, en effet, ni le
dieu, ni son prêtre qui nous font trembler :
c'est l'arrêt du savant.

. Et non plus sur place, dans tel petit coin
perdu, sur tel pauvre mortel ; grâce aux
prestigieux et multiples moyens qu'ils nous
ont eux-mêmes fournis pour que nous nous
communiquions nos pensées, que nous
communiions sous l'espèce du pain spirituel,
grâce au télégraphe, au téléphone, ou aux
journaux, revues, brochures de toutes
sortes, on peut dire que l'arrêt de la science
nous fait frissonner tous en même temps
d'un pôle à l'autre, comme sous le coup
d'une commotion électrique.

Le succès prodigieux des charlatans
affublés d'un faux nom scientifique et les
scandaleuses fortunes qu'ils ont faites à nos
dépens avec leurs poudres, .pilules suisses

ou américaines, leurs tisanes, leurs filtres pasteurisés, leurs *laits* stérilisés puisés à la *rivière* la plus proche, sont non seulement une nouvelle preuve de notre sottise, mais aussi de la confiance quasi-superstitieuse que nous accordons aujourd'hui aux savants, vrais ou faux.

C'est ce qui a rendu si funeste la doctrine darwinienne — *mal comprise, d'ailleurs* — de la lutte pour la vie, du *strugle for life*, comme ont dit les Anglais.

Entrevue par Diderot au XVIIIe siècle, exposée par Lamarck, développée et vulgarisée par Darwin, plus ou moins déformée par la philosophie simpliste de la foule, on peut dire qu'elle est à présent le *credo* d'une foule de gens dans toutes les parties du monde occidental. Et comme elle eut l'heureuse fortune d'apparaître en pleine fièvre industrielle, à un moment où les instincts égoïstes et bassement utilitaires triomphaient à peu près partout, où M. Guizot disait chez nous, comme pour hâter la corruption : « Enrichissez-vous », cette théorie parut à tous la vérité même, parce qu'elle était la résultante et comme l'expression du moment, la fleur unique de ce fumier.

Darwin s'est-il donc trompé? Comment oser le soutenir contre un si grand savant? Il ne s'agit pas de cela, au contraire, mais bien de montrer qu'on a mal traduit, qu'on a *travesti* son idée, *juste* en soi.

Il est vrai, en effet, qu'il se fait dans l'espèce humaine comme dans toute espèce animale et même végétale, une sélection naturelle qui élimine les êtres faibles au profit des forts.

Et cela nous plaît. Il est peut-être cruel à quelques-uns, mais juste et profitable à l'espèce tout entière, à la collectivité, que les enfants malingres et rachitiques meurent en plus grand nombre que les autres ; que les plus faibles cèdent la place aux plus forts. Le contraire conduirait tout droit à l'abâtardissement et finalement à l'anéantissement de l'espèce.

Il est vrai encore que l'homme est un carnivore, qu'il a eu trente-deux dents, dont plusieurs toutes semblables à celles des pires carnassiers ; et qu'il est resté longtemps fidèle à ses origines, en commençant par être anthropophage ; qu'il le redevient à l'occasion, et avec une certaine facilité, quand il est poussé par la faim ou par une basse passion animale.

Mais il est certain aussi qu'il a un invincible instinct de sociabilité, qu'il a fait, on en conviendra, quelques progrès, et que Brillat-Savarin, en écrivant la *Physiologie du goût,* n'a pas du tout l'air d'un anthropophage ; on ne peut nier non plus les tendances de plus en plus pacifiques de la majorité des hommes, et je ne parle pas seulement des Occidentaux, parmi lesquels la guerre et la chasse entretiennent le goût du meurtre, mais des paisibles Chinois, tout confits et figés dans leur culte des aïeux.

Il est certain également que si notre ancêtre des bois a eu trente-deux dents, nous ne les avons plus, et que beaucoup d'entre nous, sans le secours des fausses dents, seraient de bonne heure réduits à ne manger que de la bouillie. On pourrait

encore opposer à cet argument physiolo-
gique l'exemple de certains moines qui ne
vivent que de légumes et celui des végéta-
riens, parmi lesquels on citait, il n'y a pas
longtemps encore, pour sa robustesse,
notre oncle Sarcey.

Mais la meilleure réponse se tire de
l'examen même des espèces animales. Les
êtres, en effet, se mangent les uns les autres.
Mais cela est vrai d'une *espèce à l'autre*
et très rare dans la même espèce. Les
loups ne se dévorent pas entre eux. Ils s'entendent même fort bien pour manger... les
autres. Et ceci est vrai de toute la série
animale et même végétale. On connaît à présent la lutte des globules blancs et des globules rouges.... Soufflez dans une bouteille
ou dans un bol, une, puis deux, autant de
bulles de savon que vous voudrez et vous
verrez comme elles se serreront, *s'arran-
geront* suivant certaines *lois inflexibles*. Il
en est de même des cellules de l'arbre ou
de l'être vivant. Qu'est-ce qu'un homme ?
un milliard ou plus de cellules vivantes,
qui s'entendent pour vivre un certain temps.
Introduisez-y un corps étranger, une simple
épine et vous verrez une belle lutte pour
l'expulsion ou la suppression de l'intrus.
Qui n'a vu les corbeaux poursuivre un
épervier et se porter secours ? et les loups
de Russie se réunissant pour attaquer un
voyageur? Les moutons eux-mêmes, depuis
si longtemps abêtis par l'homme, savent
encore faire front en commun à l'ennemi
ou se grouper pour se protéger du soleil ou
de la pluie.

Mais les exemples sont encore bien plus

frappants et plus beaux chez les animaux supérieurs. Est-il nécessaire de vous faire rougir, en rappelant le merveilleux esprit d'entente, la parfaite discipline, *l'idéale subordination* des abeilles, des fourmis, des castors ? Et qui oserait soutenir que nous leur sommes inférieurs ? Les savants ne nous ont-ils pas assigné nôtre rang au-dessus du singe et de l'anthropopitèque ?

Ainsi, loin que l'homme soit un loup pour l'homme, il lui est *partout nécessaire.* Et sans parler de son instinct de sociabilité, sa faiblesse, sa lente et pénible éducation physique, ses besoins multiples et communs, tout le porte vers son *semblable,* tout lui fait rechercher son aide.

Malheureusement, à la suite des philosophes et des savants, les écrivains de toute sorte : romanciers, dramaturges, journalistes sont venus répandre et vulgariser en les *exagérant,* en les faussant, ces théories nouvelles. En France, surtout, après la douloureuse déception de 1870, la recrudescence de l'individualisme ou égoïsme fut féroce. Ce fut pendant de longues années un sauve-qui-peut général. Plus de souci de rien faire de durable ; une préoccupation exclusive du présent, du moment. Il ne se faisait pas un repas sans qu'on dit: « En v'la encore un que les Prussiens n'auront pas. » Comme un voyageur, las et découragé, qui n'espère plus atteindre au port, la France vivait sous le coup des traités de Francfort et n'en espérait plus la fin, qui eût lieu pourtant en 1892. (?)

Il appartenait aux écrivains de rallier la

foule égarée. Quelques-uns le comprirent
et ce sera leur gloire. Au premier rang, il
convient de citer Victor Hugo, toujours
debout, battant sans cesse le rappel, son-
nant à se rompre les veines, comme
Roland, le ralliement des cœurs.

Mais la plupart, oubliant leur rôle de
pasteurs des peuples et prenant peur eux-
mêmes, hâtèrent par leurs cris ou leurs
écrits la débâcle imminente. L'un ne
retient plus du grand effort de 1870 que
l'histoire d'un soldat qui fait dans sa culotte
chaque fois qu'on parle de se battre ; les
Goncourt qui ont passé à Paris l'année
terrible, se souviennent seulement qu'ils
ont dû payer très cher du boudin d'élé-
phant ; Zola, en habile, mais inopportun
psychologue, fait l'anatomie des Rougon-
Macquart (il est vrai que depuis il a évo-
lué) : d'autres nous ouvrent les bouges, les
garçonnières, ou nous promènent sur les
« fortifs » au milieu des rôdeurs de barrière
et des belles de nuit ; le Théâtre-Libre, puis
le Théâtre rosse nous étalent tout nus et
horribles sur les planches. Si bien que nos
ennemis nous croient atteints de démence
ou de dégénérescence, comme l'a dit Max
Nordau. Et, ce qui est quasi-incroyable,
nous étions les premiers à le croire et à y
applaudir, ce qui parut bien la meilleure
preuve de la faiblesse de notre mentalité.
Nous fûmes successivement atteints d'ib-
sénite aiguë, du mal de Nietzsche...
C'était comme une manie de suicide.

Heureusement, la réflexion revint. On se
remit à rire. On reprit goût aux histoires
gaies et réconfortantes. On applaudit l'*Abbé*

Constantin, d'Halévy, la *Neuvaine de Colette* ; on fit un succès peut-être même trop grand au long nez de Cyrano.... On fit mieux, on se remit aux graves questions sociales, et au lieu de nous montrer sans cesse des types et des caractères plus ou moins extraordinaires ou exceptionnels, à la façon d'Ibsen, le théâtre eut l'heureuse idée de nous traiter des questions d'éducation ou de politique. Brieux nous parla de la façon de rendre la Justice dans la *Robe rouge* ou d'allaiter les enfants dans les *Remplaçantes* ; on nous promena dans la *Clairière*, on nous montra les *Mauvais Bergers*. Zola, débarrassé de M. Rougon, nous parla de Lourdes, de Paris et de Rome ; puis nous offrit *Travail*, *Fécondité* et *Vérité*, ce qui est mieux. De toutes parts commença un bienfaisant labeur d'où sortiront les meilleurs effets.

Comme on le voit, les obstacles qui s'opposent à la réalisation de l'idéal de justice par la solidarité sont nombreux, sans être insurmontables. Un excellent moyen de les diminuer encore est de montrer la *nécessité* de la solidarité et ses multiples *bienfaits*.

II

La Solidarité physique, intellectuelle et morale est une loi nécessaire.

Les noms divers dont on la désigne n'ont pas toujours permis de la bien distinguer. Nous dirons donc une fois pour toutes que: atavisme, hérédité, solidarité, c'est tout un ou mieux c'est la solidarité, selon qu'elle se manifeste au point de vue physique, intellectuel ou moral.

Entre les membres d'une même famille, on l'admet au point de vue physique, et à peine un enfant est-il né, qu'on lui trouve le nez du père, la bouche de la mère.... Tout le monde sait que les Bourbons furent à la fois fameux par leur nez en bec d'aigle et leur appétit. Il y a de même des familles de myopes, de sourds, comme il y en a de savants, de musiciens, de poètes. Mais il y a aussi, ce qui est plus fâcheux, des familles d'assassins, de déments, en un mot d'irresponsables. On avait longtemps pensé que l'exemple seul d'une mauvaise éducation produisait ces résultats. Ce n'est vrai qu'en partie ; les savants criminalistes Lombroso, Tarde et autres l'ont montré. Le criminel-né existe. Quoi de plus grave et, pour nous, de plus important !

Mais, d'autre part, est-ce qu'une famille tout entière, ou une société, ne *vibre* pas des mêmes joies et ne *pâtit* pas des mêmes peines à la nouvelle des succès ou des infortunes d'un de ses membres ! Qu'est-ce que la tache de famille, si ce n'est la marque de certaine tare commune ? Combien trouverait-on de gens qui consentiraient sans dégoût à s'appeler Troppmann ou Bazaine, et qu'est-ce que ces mots ont en eux-mêmes d'infamant plutôt que ceux de Pasteur ou d'Hugo ? N'a-t-on pas vu, dès le début de « l'Affaire », des Dreyfus qui se sont fait débaptiser ?

Cependant cette solidarité qu'on invoque ou qu'on *subit* dans la famille, on refuse de l'étendre à la société ! On va plus loin,

Des gens qui sont dans la famille de vrais moutons, deviennent loups aussitôt qu'ils en sortent. Il semble qu'en quittant les relations de famille, on endosse d'autres maximes, telles que le : chacun pour soi.

Interrogeons les faits sans parti pris. Ils répondront pour nous : un pestiféré débarque à Marseille, et voilà la France, l'Europe empestées, si l'on n'y prend garde. Mais on a vu le danger. Vite le navire ou la ville en quarantaine !

Pourquoi cette soudaine unanimité ? et cette violation de la fameuse liberté individuelle ? La peur *commune* du fléau, c'est-à-dire l'affirmation de la *loi de solidarité* entre tous les hommes. S'arrêterait elle là ? Voyons un autre cas ? — L'Angleterre fait une guerre atroce aux Boers. « Que m'importe ! », se dit le rentier français, se chauffant à un bon poêle. Cependant, il arrive que le prix de son charbon vient à doubler. — L'Europe se ligue contre la Chine : « En quoi cela m'intéresse-t-il ? », pense un ouvrier belge. Cependant son usine se ferme, parce que la Chine cesse de s'approvisionner de verre chez lui. — Deux entêtés luttent Amérique, l'un pour la hausse, et l'autre pour la baisse du blé. « Ça m'est bien égal », pense un citadin, en lisant la chose ; cependant son boulanger lui augmente son pain de vingt centimes au kilo, et Méline s'appelle Pain-Cher.

Il plaît aux gros propriétaires terriens d'Allemagne de mettre une forte prime à l'exportation des sucres. « Je m'en fiche pas mal », pense le client, en sirotant sa

« verte ». Pourtant cela lui procure l'avantage de payer son sucre trois fois autant que l'Anglais, dont le sol n'en produit pas.

Telle est la solidarité des intérêts matériels dans le monde, à l'heure actuelle, qu'il ne se fait pas une affaire importante, qu'elle n'ait aussitôt sa répercussion à l'autre bout de la terre ; et cela, en dépit des barrières, des douanes, des frontières, des armées et des despotes.

La conséquence est grave, mais *nécessaire*, et même *consolante*. Le temps n'est plus où l'on pouvait s'ignorer à deux lieues de distance, où les habitants de deux provinces minuscules, séparées par une mince colline, n'avaient rien de commun. Nous pouvons donc dire comme le poête : « rien de ce qui se passe dans le monde ne m'est étranger ». Et bientôt cela ne suffira plus à nos ambitions, Voilà qu'on en fait le tour en soixante-trois jours, en attendant mieux. Que sera-ce quand les ballons seront maîtres de l'air, ce qui ne peut tarder. Que restera-t-il des douanes et *des patries*, telles que les conçoivent certains rétrogrades du nationalisme, et le mot de « politique mondiale » qui paraît encore si énorme, si monstrueux à beaucoup, suffira-t-il ?

Le nationalisme alors s'étendra à la terre pour blâmer les amants de Mars ou les amoureux de la lune et des étoiles.

Il y a un mot nouveau et une science nouvelle pour exprimer cette extension de l'idée de solidarité : c'est la *sociologie*.

Les bulletins économiques ont déjà plus d'intérêt pour beaucoup que les proclamations aux armées ; et le graphique des cotons a remplacé la carte des batailles. Ce qui n'est pas pour nous déplaire.

**

La solidarité intellectuelle, moins connue, n'en est pas moins évidente ni moins grave. A côté de la presse locale et nationale, il y a maintenant la presse mondiale et à côté du chiffre qui est universel, on voudrait une langue qui le fût aussi, et on se préoccupe de la créer. Elle existe presque pour le grand commerce, et s'ébauche dans l'*Espéranto*.

Les idées et les théories nouvelles ont et auront toujours leur pays d'origine, mais elles deviennent presque aussitôt, grâce à la presse, la propriété commune. Où s'arrêtent le darwinisme, le pasteurisme et les rayons Rœntgen ?

Combien y a-t-il de savants étrangers membres de nos Académies ? Et tient-on compte de la nationalité quand il s'agit de soigner l'œil ou le pied d'un potentat ou d'un milliardaire ? Que signifient les expositions et les congrès *internationaux ?* Où s'arrêtent les romans de Zola ou même ceux de Jules Verne ? Se demande-t-on, avant de les lire, si l'auteur de l'*Aiglon* ou de *Quo Vadis* sont français ? Exclut-on Ibsen comme Norvégien et Tolstoï comme Russe ? N'y a-t-il pas plutôt pour certains un peu d'engouement, je veux dire de snobisme ? Quelle place reste-t-il *au nationalisme* au milieu de tout cela ?

Wagner seul a été discuté et interdit comme *Allemand*. Mais cela n'est déjà plus et paraîtrait presque ridicule et suranné aux admirateurs de *Lohengrin*.

Ce qui n'empêchera pas chaque peuple de conserver ses goûts propres, souvent anti-pathiques aux autres : simple effet de moment et de milieu, comme la cuisine au beurre dans le Nord et la cuisine à l'huile et à l'ail dans le Midi,

*
* *

La solidarité des intérêts moraux et so-ciaux est encore plus discutée, sans être moins réelle.

Elle est sensible dans les petites agglo-mérations où les deuils et les fêtes sont presque unanimes. Elle l'est de moins en moins, en apparence, dans les grandes villes, où l'on voit, dans la même maison, une noce au deuxième et un deuil au qua-trième, quand ils n'ont pas lieu à la fois au même étage. Y a-t-il contradiction ? et doit-on admettre le «chacun pour soi» quand on ne se connaît plus, qu'on ne voisine plus ? Pas le moins du monde. Un cours d'eau cesse-t-il d'être, parce qu'il chemine sous terre, ou un train, parce qu'il disparaît dans un tunnel ?

Il est certain que la mentalité et la mo-ralité sont loin d'être identiques sur toute la surface du globe et il est douteux qu'elles le soient jamais dans la suite. Mais cette situation crée bien plutôt des *devoirs* que des droits aux peuples les plus *avancés* en civilisation. Comme des voyageurs arrivés à différentes étapes et qui vont au même but, les premiers doivent faciliter la marche aux retardataires, les aider de leurs conseils

et de leur expérience, leur tendre la main
plutôt que le poing, et les engager à les
suivre si les rejoindre est impossible.

Et ceci est, en outre, la condamnation de
l'*antisémitisme* et, en général, de tous les
systèmes d'oppression des races arriérées
par les races plus avancées ou plus fortes ;
c'est-à-dire la condamnation dans presque
tous les cas de la politique coloniale, comme
on la pratique à l'heure actuelle, aussi bien
dans l'Afrique du Sud qu'en Nouvelle-Calé-
donie où nous avons fait, il n'y a pas longtemps, de scandaleuses expropriations au
détriment des Canaques.

Mais, d'où vient cette haine de races et,
parmi nous, cette haine *du juif*? Il convient d'en parler, car c'est un des plus forts
obstacles à la paix et parce qu'elle est entretenue chez nous à l'état aigu par des
hommes qui en font profession et qui en
vivent... fort grassement. D'instinct on s'est
défié du juif dans tout le moyen-âge chrétien et la faute en a été à l'Eglise, alors
maîtresse absolue des esprits qu'elle main-
tenait dans un état perpétuel de surexcita-
tion à l'égard des Juifs par les *grillades*
qu'elle en faisait, les légendes qu'elle ima-
ginait sur leur compte et que propageaient
les prédicateurs en chaire où l'on dépei-
gnait les Juifs comme des mangeurs de
petits enfants, des empoisonneurs de fon-
taines, des propagateurs d'épidémie... La
vérité est que, parqués *par force* dans les
quartiers infects des villes, où ils sont
encore aujourd'hui, autant par habitude que
par intérêt, ils étaient, en général, et n'ont
pas cessé d'être très sales.

pour une entre que des juifs français contemporains, et ce que
... Reinach, Alfred Naquet, Tristan Bernard, Francis de Croi-
... Bernstein ... ont-ils fait acquérir quelque notoriété dans les lettres

... compte
... millions
... font les
... ne se ...
... ment ...
la mémoire.

Mais, de là à proclamer que le Sémite est inférieur à l'Arien, comme l'a fait Renan, cause première de la recrudescence de l'antisémitisme moderne, il y a loin. Si le Juif n'a brillé ni dans les lettres, ni dans les arts, c'est peut-être qu'il ne s'y est pas essayé ; le commerce, où on l'avait relégué, lui suffisant. Et, puisqu'il s'est montré supérieur dans le commerce, et que même on le lui reproche, est-ce une preuve d'infériorité ?

Mais, ce ne sont là, il me semble, que des raisons de sentiments, des thèses qui n'ont pas de valeur scientifique.

Et quand cela serait ? La variété des aptitudes n'est-elle pas un bien plutôt qu'un mal ?

En réalité, c'est leur fortune qui a attiré les yeux sur eux et qui a jeté la foule (trompée par une certaine presse, comme elle le fut jadis par l'Eglise), dans ce délire passager.

Veut-on un exemple entre mille de ce parti-pris dont fait preuve la presse antijuive ? Qu'on savoure cet entrefilet de la *Libre Parole*, signé L. Drumont : « Il n'est point douteux que ce soient les grands Juifs qui aient fait de l'automobilisme cette chose d'outrance, de barbarie et de frénésie qui... Le Juif n'a pas inventé l'automobilisme, car il est absolument incapable de rien inventer et de rien créer, mais il l'a dénaturé, perverti... Les Hébreux archimillionnaires qui, sans raison, passent comme des fous à travers les villages... sont évidemment une des transformations du Juif-Errant. Les cinq sous légendaires ont fruc-

tifié et sont devenus des milliards, mais la
névrose est la même, le besoin maladif
d'aller toujours devant soi, se retrouve chez
ces descendants d'Ahasverus. »

Sentez-vous le travail de l'idée fixe et
l'effet dissolvant de pareilles théories ? On
remarquera encore, en passant, que c'est
toujours la thèse de Renan sur l'infériorité
du sémite. Combien il serait plus simple de
consulter les listes des élèves reçus aux
grandes écoles et de déterminer la proportion des Juifs. On verrait du même coup
combien nous hébergeons de *pauvres*
diables de Juifs, *russes* surtout, à qui on
interdit l'accès des facultés en Russie (on
n'en admet que 3 ou 4 % de la population
scolaire) et qui viennent suivre les cours des
facultés à Paris, admirables tout à la fois
par leur ardeur au travail, leur sérieux,
leur mémoire souvent étonnante, et leur vie
en commun.

Beaucoup n'ont pas plus d'un franc à
dépenser par jour. Certains établissements
reçoivent ces Rothschilds à 0 fr. 50 par
repas.

Et y a-t-il en même temps un plus bel
exemple de la fraternelle égalité morale des
hommes. Les sentiments principaux, en
effet, sont communs à l'humanité. Une
négresse aime son enfant autant, quoique
autrement qu'une dame parisienne. On
regrette un ami en Chine comme à Paris.
Le dévouement n'a pas de couleur, pas plus
que la droiture ou la délicatesse. On en a
un peu plus ou un peu moins, et il n'est pas
nécessaire de sortir de son hameau et d'aller
au Soudan pour en observer toutes les

nuances, des plus délicates aux plus grossières.

Le sentiment d'unanimité des cœurs qui
fait que, sur une étendue plus ou moins
grande, tous les hommes ont, à un moment
donné, une seule âme (c'est le sens du mot
unanime) est assez rare ; cependant il se
produit spontanément dans certaines circonstances : grands deuils ou anniversaires
glorieux. Cela s'est vu à la fête de la Fédé-
ration en 1791.

Il fut longtemps borné à la cité ; plus
tard, il s'étendit à toute une province, puis
à une nation entière. Ce n'était d'abord que
le patriotisme de clocher ; ce fut, grâce au
progrès, le patriotisme tout court. D'aucuns voudraient, Josués modernes, borner
là son évolution. Ils ont provoqué la crise
morale du nationalisme en cherchant à
opposer les races et les peuples, comme on
le fit au temps des Croisades. Mais les
peuples et les penseurs, plus affamés désormais de paix et de justice que de luttes et
de représailles, versent, comme a dit le
poète, « leurs torrents de lumière sur ces
obscurs blasphémateurs ». On a vu tous les
grands penseurs prendre le même parti,
sans distinctions de nationalité, lors de
l'affaire Dreyfus ; et, sans l'opposition ou la
veulerie des gouvernants des différents
Etats, on aurait vu tous les peuples civilisés
apporter unanimement le secours de leurs
bras aux Boers de l'Afrique du Sud. C'est
par millions et d'un pôle à l'autre que se
comptent les boérophiles.

D'ailleurs, loin d'être nouveau, ce sentiment semble avoir été celui de tous les

penseurs de tous les temps et de tous les pays. L'archevêque Fénelon disait au xvii° siècle : « que tous les hommes forment sur la terre comme une famille ». C'était aussi l'idée de l'abbé de Saint-Pierre, de Rousseau et des philosophes du xviii° siècle. La Révolution proclama également la fraternité comme un dogme humain.

Et plus près de nous, Victor Hugo, avec bien d'autres, salua l'aurore d'une ère de travail et de concorde, en même temps qu'il flétrissait la guerre et ses horreurs.

> Et cela pour des altesses
> Qui, vous, à peine enterrés,
> Se feront des politesses
> Pendant que vous pourrirez.

Au milieu de nous, le plus grand penseur dont s'honore aujourd'hui l'humanité, Tolstoï, est en même temps le champion inlassable de la paix et de la fraternité dans le monde. Sujet, par le hasard de la naissance, du tzar de toutes les Russies, il n'a cessé de manifester sa sympathie pour tous les peuples de la terre et spécialement pour les Français.

A l'avant-garde des nations, les socialistes de tous les pays pratiquent depuis longtemps déjà l'internationalisme et s'entr'aident dans le besoin. Cela n'est-il pas plus humain que les Triplices, les Duplices, les Saintes-Alliances ?

L'évolution se fera vers *plus* et non *moins* d'humanité et de *tolérance*. C'est pourquoi les *nationalistes* de tous pays font une œuvre puérile et dangereuse. Comme les enfants qui font des trous et des forts dans le sable au bord de la mer, ils n'arrêteront pas la ventre : « D'abord, avec de l'argent... on a ce qu'on veut. » Et voilà !

Un autre reprend : « Mais nous sommes les soutiens de l'Etat ; sans nous il ne pourrait rien faire. Tenez, en 1871, nous avons sauvé la situation! L'argent, voyez-vous, c'est le nerf de la guerre... et d'autre chose » Encore un peu il parlerait de statue !

Tous sont persuadés qu'ils font prospérer l'industrie et le commerce, et que sans eux le travailleur mourrait de faim. Aussi ne se connaissent-ils que des *droits* sans aucune espèce de *devoirs* envers les autres hommes.

Comment faire entendre à ces sourds que c'est justement le contraire qui est vrai et qu'un homme *doit* d'autant *plus* à la société qu'il est plus fortuné ?

Essayons de le démontrer, non pour eux qui ne *veulent* pas l'entendre, mais pour tous ceux très nombreux qui gravitent autour de ces fortunes (gens de maison, fournisseurs, commis, employés, ouvriers..) et qui s'accrochent désespérément à elles, comme à leur seule planche de salut. En un mot, à ceux qui vont répétant : « oh ! que M. le comte est bon ! que M. le baron nous fait de bien ! Qu'est-ce que nous deviendrons sans M. le marquis ! » Ce sont les mêmes qui disaient il y a cinquante ans et qui disent encore par endroit à la campagne que les poux donnent la santé.

Un homme de goûts simples qui ferait, comme on dit « tout par lui-même », qui récolterait son blé, ferait son pain et ses vêtements, ainsi que ses meubles, ses outils et sa maison, *devrait* encore *beaucoup* à la société, rien qu'en lui devant la paix et la sécurité dans son travail, la connaissance des outils dont il se sert et qu'il n'aurait pas trouvés tout seul, — sans compter les métaux, fer, cuivre, le verre dont il use — sans compter surtout l'outil suprême, le *langage* qu'ont poli et repoli tour à tour des milliers de milliers de générations.

Robinson, dans son île solitaire, devait ainsi des *milliers* de choses à ses compagnons et à la société de son temps. Il lui devait tout ce qu'il allait chercher sur la plage ou dans le navire après le naufrage : les hoches, les cordes, les fusils, la poudre, les trois grains de blé dont il fera sa moisson plus tard, etc... Qu'on l'imagine jeté dans son île en caleçon de bain et les mains vides ! Différence énorme ! Qu'on le suppose inhabile à tout, ignorant tout. Je ne lui donne pas vingt-quatre heures à vivre.

C'est le cas du rentier. Pour qu'il ait le matin un petit pain bien doré dans son bol de chocolat bien chaud, vous pensez qu'il lui suffit d'avoir une cuisinière à 20 francs par mois pour faire le déjeuner et un domestique ou une bonne à tout faire pour le lui apporter tout fumant et parfumé dans son lit. Erreur ! Grossière erreur ! Il a fallu tant de bonne volonté et tant de gens que l'énumération de tous ces auxiliaires serait fastidieuse. Il a fallu qu'un boulanger *consente* à passer sa nuit dans un fouruil étouffant pour lui faire son pain. Il a fallu qu'avant le jour une paysanne aille traire ses vaches et qu'un laitier lui en apporte le lait. Il a fallu que des centaines d'ouvriers, sous les climats les plus chauds, cultivent le cacao dont on fabrique son chocolat, dans des usines assourdissantes ou meurtrières. Il a fallu qu'au prix des plus grandes peines, le cultivateur fasse pousser la betterave dont on tirera le sucre dans des usines où l'on travaille nuit et jour. Il a fallu enfin qu'une bonne se lève avant lui pour préparer le chocolat dont elle n'aura pas sa part. Il a fallu mille autres choses !

Et ainsi de toutes les friandises de sa table, primeurs d'Algérie ou d'ailleurs, poissons de la mer ou de l'étang, vins du Bordelais ou d'Espagne... La terre entière et la mer ont été mises à contribution pour le nourrir de mets exquis, pour le vêtir d'étoffes de choix, pour orner sa maison de meubles rares.

Il répond : « Ces gens sont payés pour cela! » Est-il bien sûr que chacun a été payé de sa peine et que tous ont reçu leur dû à proportion de leurs efforts. Le marin, qui est allé, au péril de sa vie, pêcher le superbe turbot qui s'étale au centre de la table, a-t-il assez de 8 ou 900 francs par an pour vivre avec les siens? Le mineur qui vit au fond de sa mine, d'où il extrait le charbon qui brûle dans cette coquille, est-il payé de sa peine? Que dire du laboureur qui ne gagne pas 2 francs par jour et du nègre qui gagne 4 sous !

Et qui pourrait calculer l'énorme *dette* du bourgeois qui, grâce à eux, à eux seuls, prend son chocolat dans son lit moelleux!

III

La Solidarité est non seulement un fait, mais un bienfait.

Un examen impartial des *faits* nous a montré, bien qu'incomplet, que la solidarité a toute la rigueur et la continuité d'une *loi* naturelle et qu'elle existe à notre insu et en dépit même de nos efforts pour y échapper. Nous la subissons, dans un certain nombre de cas, comme la pesanteur ou la mort.

Ceci pourrait donc suffire. Mais il y a mieux. Tout ce qui s'est fait de *bon* dans le monde et tout ce qui s'y fait ou s'y fera au triple point de vue matériel intellectuel ou moral, est en grande partie un effet de la solidarité. En fin de compte, le *Progrès* humain n'est qu'une résultante de la solidarité. C'est ce qu'il nous faut voir en peu de mots.

.•.

Nous ne savons pas, et il nous importe peu de savoir ici, si l'homme a vécu tout à fait *isolé*, et pendant combien d'années ou de siècles. Mais, ce qui est certain, c'est que le premier bienfait et l'unique moyen de perfectionnement individuel et de progrès social est venu de la mise en commun des choses de la vie, de l'union des cœurs, ou des intérêts, de l'instinct de sociabilité ou de solidarité.

Bien qu'aucun témoignage de l'histoire ne le démontre, il est certain aussi que tant

6.

que les premiers êtres humains ont vécu seuls ou à peu près, ils ont souffert de la faim et de la misère, passant leurs jours à poursuivre leur proie et leurs nuits à la redouter si elle était féroce et agile. Nous ne réussirons probablement jamais, en dépit de notre imagination ou des faibles données de la science à nous figurer l'affreuse détresse de ces êtres isolés, hommes ou anthropoïdes, blottis au fond de leurs cavernes ou juchés la nuit sur leurs arbres.

Mais, d'autre part, il est certain également — et ici les savants le démontrent — que, de bonne heure, c'est-à-dire dès l'époque des cavernes ou des cités lacustres, un certain esprit d'entente ou commencement de division du travail et par suite un certain *ordre* et une certaine *hiérarchie* des fonctions entre les membres d'une ou plusieurs familles, ont *seuls* permis un premier *progrès* matériel ou moral. Pendant que les uns, les plus agiles ou les plus forts, allaient à la chasse pour l'alimentation *commune,* d'autres restaient au logis pour le défendre ou pour préparer les aliments ou les vêtements, fabriquer le mobilier grossier et les ustensiles de ménage.

L'organisation et le *profit* communs sont les mêmes chez la tribu ou la troupe errante en quête de nourriture. Une fois fixés, ces primitifs conservent et perfectionnent cette organisation. Par suite d'un commencement de *solidarité, imposée,* il est vrai, plutôt que *consentie,* les uns (les guerriers) se réservent le *droit* de défendre le travail et les produits des autres qui sont les artisans. Les professions se multiplient, en se spécialisant et se perfectionnent pour le profit de tous L'âge *féodal* ou guerrier a été partout l'expression de cette organisation. Certains peuples, comme les Abyssins, n'ont pas dépassé cette étape.

Tant que le danger extérieur fut grand, tant que l'ennemi erra aux frontières, les bergers, c'est-à-dire les chefs guerriers, furent *nécessaires* au faible troupeau humain. Lorsqu'ils se furent arrogé le nouveau DROIT de se transmettre leur fonction, ils diminuèrent en nombre et augmentèrent en puissance. Ils s'appelèrent rois, empereurs, schahs, sultans, czars. Ils crurent ou ils firent croire qu'ils étaient les fils du ciel, les envoyés de Dieu sur la terre. Cela dure et durera encore longtemps, Mais, comme c'est un obstacle à *plus* de solidarité et que, d'autre part, les instincts guerriers vont toujours en décroissant et tendent à disparaître, de même que le sentiment de l'égalité de tous devant les droits et les *devoirs* communs tend à se développer, le système héréditaire doit disparaître, et nous devons aider à sa disparition. Le nombre des républiques va toujours en croissant et ainsi s'affirme la loi du progrès par plus de solidarité. Il n'y a cependant pas d'espoir que nous voyions, autrement qu'en rêve, les Etats-Unis d'Europe, qu'une impérieuse nécessité produira pourtant un jour.

On peut affirmer que, sans la duplicité et l'entente des despotes, naturellement opposés à la réalisation de cet idéal de paix et de justice, nous serions beaucoup plus avancés aujourd'hui que nous ne le sommes. En effet, après l'immortel mouvement de solidarité, de fraternité, provoqué par la Révolution française et par ses expéditions libératrices à travers l'Europe, et en dépit du recul produit par la crise impériale, les idées de solidarité et de paix s'étaient répandues, grâce aux écrits et à la propagande de Babeuf, Fourier, Saint-Simon, Proudhon, grâce aussi à la philosophie positiviste d'Auguste Comte, si humaine et si heureusement terre à terre. Une *internationale* de travailleurs se forma et devint puissante, menaçante même. Des phalanstères furent établis.

Le sinistre Napoléon III lui-même semblait s'intéresser aux études sociales et les laissait se multiplier. Brusquement, il eut peur. Ils eurent tous peur. Les trônes tremblèrent, C'était la fin d'une *ère*. On y mit bon ordre, d'un bout du monde à l'autre. Confiant dans la bêtise des foules et sa peur des nouveautés, le gouvernement impérial fit sombrer l'idée dans le ridicule.

On vit un jour, sur divers points du territoire, des *mouchards* déguisés en fonctionnaires ; ils avaient des galons (ça fait toujours bon effet en France). des équerres d'arpenteurs, des chaînes et des piquets peints, bien visibles. Gravement, et sans rien dire, ils enfonçaient ces piquets en pleins champs. Quand les paysans, inquiets, venaient leur demander ce qu'ils faisaient, ils répondaient d'un air mystérieux : « Nous mesurons les parts pour la révolution prochaine ; nous sommes des *partageux*. » Le mot a été bêtement conservé aux socialistes. Cependant, en manière de protestation, le paysan fit le plébiscite, et pour échapper au partage imaginaire, courut au désastre de 1870. Il avait reculé d'un siècle, et tout était à refaire.

Heureusement, les idées ne meurent pas. Après une éclipse et de douloureuses épreuves, les peuples se reprirent à se regarder sans haine. Tous les travailleurs se sentirent unis et cherchèrent à secouer leurs parasites. Des guides s'offrirent (il y en a toujours dans ces moments-là). Henry George, en Amérique ; Karl Marx, en Allemagne ; Guesde, Allemane, Vaillant, Jaurès, en France. Ils ne suivent pas les mêmes voies et se querellent même beaucoup sur les moyens à employer, mais tous tendent au même but, qui est de substituer un idéal de solidarité et de justice au spectacle de haine que nous donne, en ce moment, le monde soi-disant civilisé. Ils font faire au peuple, sous différentes formes, *l'apprentissage* du régime nouveau.

Les plus importants progrès *matériels* ne pourront pourtant être réalisés qu'à partir du jour où l'homme aura chassé ces deux cauchemars : le roi, la guerre ; et où il pourra employer au bien commun les sommes *fantastiques* (une douzaine de milliards par an pour l'Europe) qu'il gaspille pour l'entretien des rois, des cours, des armées, les visites entre souverains, etc... Tous les éléments de ces grands progrès futurs sont prêts, dès à présent ; *il n'y a qu'à vouloir.* La science, loin d'avoir fait faillite, est capable de dompter une bonne partie des forces naturelles, vent, eau, électricité... Les milliards de chevaux de force qui vagabondent encore en liberté dans tous les fleuves de la terre, seront domestiqués et travailleront dans des turbines, feront tourner des dynamos, remplaceront, en un mot, presque tout le labeur humain, *quand il nous plaira.*

Mais tout en rêvant à cela qui n'est pas une pure chimère, il est utile et permis de faire un inventaire approximatif des richesses *matérielles* de la société actuelle.

Il paraît que chaque Français aurait en moyenne 6 à 7,000 francs de capital. Ce n'est pas déjà si mal, mais par trop illusoire pour beaucoup. Voyons des biens plus tangibles et plus réels. Que de choses nous possédons en *commun,* grâce à la solidarité des efforts et du travail, sans compter celles que nous pouvons y ajouter.

Comme une lente et féconde alluvion, les efforts d'une génération s'ajoutent aux efforts de la précédente. Le sauvage trace un sentier dans la forêt, le colon en fait un chemin pour y passer avec ses bœufs, le paysan l'élargit et l'empierre pour y circuler avec sa voiture ; la commune, puis le département, puis l'Etat en font des routes communales, départementales, nationales. De même pour la terre que le serf défriche, nivelle, ameublit et féconde, que le guerrier défend ou conquiert.

De même pour la forêt qu'on aménage ou qu'on replante, de même du cours d'eau qu'on rectifie ou qu'on canalise. Seulement la route et la rivière sont restées *collectives,* tandis que la terre et la forêt, à peu d'exceptions près (terrains communaux, forêts de l'Etat), sont devenues des propriétés individuelles, ce qui constitue une injustice,

une évolution *rétrc--ade* ou régression,
contraire à l'évolution générale, qui tend à
faire profiter un nombre toujours plus grand
de co partageants et à donner à tous plus
de justice, comme en témoignent les routes
elles-même:, ainsi que les cours d'eau, les
musées, les postes, qui, après avoir été des
propriétés *particulières*, princières, nobi-
liaires ou royales, sont devenues des pos-
sessions communes, indivises ou nationales.

Et de même les restes acquis des générations antérieures s'accumulent pour former
un capital commun, de plus en plus grand,
qui augmente encore chaque jour par des
dons, legs et fondations de toutes sortes et
que son caractère impersonnel devrait
rendre *sacré*. On commence à le comprendre et les « Monuments historiques »
sont maintenant l'objet de la sollicitude de
l'Etat et de la respectueuse curiosité de la
foule. Mais cela ne suffit pas.

Tous les monuments de l'effort collectif
doivent être respectés au même titre. Tous
seront un jour des monuments historiques.
Et ils sont innombrables : hôtels de ville,
beffrois, églises, écoles, lycées, hospices,
maisons de retraite, asiles départementaux
ou nationaux, bureaux de toutes sortes,
préfectures, douanes, musées de toute espèce, jardins publics et statues, bibliothè-
ques, casernes, forteresses, tout doit être à
tous ; tout peut servir à l'éducation artis-
tique, à la récréation, à l'enfance, à la vieil-
lesse...

Il y a *toujours avantage* à ce que les propriétés particulières deviennent collectives.

Quels progrès ont faits les routes, en pas
sant des mains des particuliers aux communes, puis de celles-ci à l'Etat! Il n'y a,
pour bien s'en rendre compte, qu'à consulter les gens de plus de 50 ans, ceux qui ont
vu l'ancien état de choses. La remarque est
aussi vraie pour les postes, l'instruction ; on
payait encore 3 francs au XVIIIe siècle pour
faire parvenir, péniblement et à force de
pourboires, un colis postal de Lyon à Nantes. Un journal fait maintenant 400 kilomètres pour 2 centimes. Que de frais aussi
pour faire autrefois l'éducation du moindre enfant et combien s'en passaient faute
de précepteurs ! L'instruction est non seulement *gratuite* à présent ; mais on donne encore des *bourses* d'études, comme une sorte
d'indemnité aux parents dont on retient les
enfants en dehors de l'âge scolaire. Et cela
n'est que le commencement de ce que l'on
peut et *doit* faire. Mais quel témoignage de
la fécondité de l'association ! Jean Izoulet
l'a fort bien démontré dans son bel ouvrage
de la Cité moderne : en sociologie, un et
un font plus de deux et souvent plus de
trois. La Fontaine, bien avant lui, l'avait
déjà montré dans sa belle fable : « Le vieil-
lard et ses enfants ». Ainsi, non seulement
l'union fait la force, mais elle décuple, elle
centuple parfois la force. Ne voit-on pas
constamment en Angleterre, en Belgique, en
Danemarck, des association de pauvres
ouvriers, de cultivateurs, d'employés, cons-
truire des Vooruits, des halls, des clubs,
valant plusieurs millions, faisant par an
des centaines de millions d'affaires, ayant
des navires pour aller chercher directement

le porc et les œufs en Suède, ou le thé en Chine, occupant 15 ou 20,000 employés, comme tel milliardaire ; et cela avec des cotisations d'un ou deux sous par mois, donnés par des meurt-de-faim !

* *

L'association a également produit les meilleurs résultats, au point de vue intellectuel et moral. Le plus précieux de tous est le langage, qui est né de la nécessité de s'entendre et nullement le produit de la grève d'une Babel légendaire. On ne réfléchit pas assez à la dette énorme que nous avons contractée à l'égard des premiers humains, qui ont essayé de balbutier leurs sentiments d'amour ou de haine et leurs premières idées sur le beau et le bien. On en profite, comme on profite du chemin, du fleuve, de la terre. Combien a-t-il fallu de sueur et même de sang, pour que le coin de terre arrive aux mains de ce paysan qui y pousse paisiblement sa charrue ! Combien plus d'efforts il a fallu, combien de siècles et de générations d'hommes, pour que le Gaulois pût seulement désigner *l'alouette* de son pays, le nom des objets à son usage, ses quelques pensées rudimentaires et combien plus pour que sa langue bâtardée de latin au temps de la conquête des Gaules, devînt le français d'aujourd'hui, riche de plus de 30 000 mots usuels et de plus de 500 000 acceptions. Et quel trésor d'idées dans une telle langue, trésor précieux qu'un bambin s'assimile en quelques années. C'est assurément le lien le plus fort entre

les hommes et l'outil le plus précieux de
la civilisation et du progrès. C'est un mi-
racle palpable et perpétuel que celui qui se
fait ainsi chaque jour, avec quelques signes
noirs sur du papier blanc, une vraie trans-
substantiation, le passage mystérieux d'un
esprit dans un autre, de ma pensée dans la
tienne, ami lecteur, la vraie *communion*, en
un mot, entre les hommes.

Le langage a encore été le précieux et
l'indispensable véhicule des sciences et des
arts, ces autres bienfaits de l'Association.
Bienfaits anonymes également ; car les inventeurs des choses les plus nécessaires
ou les plus précieuses, sont preque tous inconnus. Et lors même qu'ils ne le sont pas,
combien peu ils ont de mérite à leurs propres
découvertes et combien ils doivent à leurs
aînés ! Ils sont comme le dernier chaînon
d'une chaîne dont le premier se perd dans
la nuit des temps, la floraison ultime de
l'arbre de la science dont les racines sont
vieilles de plusieurs siècles. Je ne veux pas
diminuer le mérite d'un Pasteur ou d'un
Rœntgen, mais j'affirme qu'ils étaient inca-
pables de faire ce qu'ils ont fait à eux *seuls*,
et sans le secours des inconnus ou des gé-
nies illustres qui les ont précédés.

Le bénéfice de leurs œuvres est assuré
pour un temps aux écrivains par la propriété littéraire et aux inventeurs par les
brevets d'invention ; mais en fait, leurs découvertes profitent ou *devraient* profiter à
tous, puisqu'elles ne sont que la résultante
des *efforts combinés* de tout le passé et de
tout le présent. Et c'est même une des
choses les plus scandaleuses de ce temps,

que de voir un syndicat capitaliste ou un charlatan quelconque exploiter telle idée, telle découverte de génie et frustrer à la fois l'auteur de la découverte — qu'on verra mourir de faim, — et la société qui, par son état de civilisation, l'aura rendue possible ! Quoi ! Claude Bernard aura pâti et peiné vingt ans pour doter son pays d'un produit nouveau, pour qu'un épicier le vende dix fois sa valeur ?

Un autre aura découvert un produit qui pourrait sauver la vie à des millions d'hommes et un trafiquant en tirerait, comme d'une mine d'or, une fortune scandaleuse. C'est pourtant ce qui se voit, à cause de la mauvaise discipline des sociétés actuelles, qui ne sont des sociétés que de nom et ne savent pas se défendre contre l'individu ; qui ne semblent faites que pour assurer *l'impunité* aux malfaiteurs. On voit, en effet, 10,000 hommes travailler à faire de leur patron un millionnaire et du *fils à papa* un milliardaire. On en voit 100,000 autres, en Amérique, assurer 100 millions de bénéfices par an à Carnegie, et 5 millions de traitement annuel à Schwab, son directeur.

Il faut qu'on le sache bien. L'effort des sociétés est *collectif et impersonnel ;* la collaboration du plus modeste employé y a son prix, y est indispensable. L'architecte qui a fait le pont Alexandre III a fait une belle chose ; mais il en eut été sûrement empêché sans les études personnelles que la société lui a permises et données, peut être gratuitement ; sans les *millions* de collaborateurs inconnus qui sont allés, dans le

sein de la terre, chercher le fer dont il est
composé, qui l'ont transformé dans les
usines en plaques, boulons .., qui l'ont
placé ; sans parler des innombrables inventeurs qui ont créé les machines-outils,
qui ont rendu cette colossale entreprise
possible aujourd'hui, d'impossible qu'elle
était hier. Et j'en passe certainement : les
peintres, doreurs, décorateurs, ouvriers
d'art qui ont rivé, coulé ou taillé les jolis
lampadaires, les frontons. Citerai-je, enfin,
les modestes terrassiers et maçons qui ont
consenti à descendre à plusieurs mètres de
profondeur, à travailler sous des pressions
de plusieurs atmosphères. Faut-il compter
ceux qui y ont été écrasés, tués peut-être.
Il y en a souvent... Quelle est dans ce
troupeau humain la part de l'architecte ?
Il fût le berger et donna sa pensée. Les
autres ont donné autant, leur *chair*.

*
* *

Aux progrès et aux bienfaits intellectuels
est liée l'évolution morale. Je sais qu'on a
soutenu le contraire et qu'on le soutient encore. Mais, ce n'est pas ici le lieu de le discuter et, d'ailleurs, on a aussi, statistiques
en main, démontré les effets moralisateurs
de l'instruction.

Un philosophe a soutenu, à son tour,
que la somme de bien et de mal est
toujours la même dans le monde, que l'acquisition, d'une qualité nouvelle, *est toujours* compensée par l'acquisition, non
moins spontanée, d'un défaut correspondant. C'est la négation même du progrès

et la philosophie du *statu quo*. On voit que cela pourrait être grave. Heureusement, ce n'est pas sérieux. Autant dire que nous sommes toujours aussi avides de vie nomade, de viande crue, de massacres, d'hécatombes, etc. Le contraire saute aux yeux, il me semble. Et ce ne sont pas les grandes manœuvres, les égorgements lointains, ni les guerres civiles même qui pourraient modifier notre jugement. Nous savons trop bien que ce sont les derniers produits d'une habitude ancestrale, entretenue d'une façon *factice* par les gouvernements intéressés à cela et qu'on n'est guère plus soldat par goût, mais par devoir ou par *peur* des suites.

Si donc l'homme n'est plus un loup pour l'homme, si des rapports plus doux se sont établis entre les individus, c'est encore un produit, un bienfait de la solidarité.

Victor Hugo a admirablement montré, dans sa « Légende des Siècles », la marche de ce progrès moral.

Caïn, c'est-à-dire l'homme primitif, vêtu de peaux de bêtes et se nourrissant de la chair crue des animaux et peut-être aussi de l'homme, sent la conscience s'éveiller en lui, après le crime d'Abel, c'est-à-dire du juste, du doux, de l'innocent.

Jusque-là il avait, comme le fauve, assouvi ses passions sans remords. Ce n'était qu'une bête farouche. Désormais c'est un homme. La notion du bien et du mal est née en lui. Dieu l'habite, son œil le voit. Il a beau fuir, s'enfermer, s'enterrer : « L'œil était dans la tombe et regardait Caïn ». Qu'on ne s'y trompe point. Il ne

s'agit pas ici d'un œil de chair, d'un Dieu
barbu et chenu logé au Paradis dont saint
Pierre a les clés. Ce Dieu est tout intérieur. C'est *l'homme même*. On s'est donné
bien du mal pour savoir où cette âme, cette
conscience intérieure était logée dans le
corps. Après avoir bien disserté, Descartes
essaye de prouver qu'elle ne peut se loger
que dans la glande pinéale, parce que celle-
ci est isolée dans le cerveau et que toutes
les autres y sont doubles. La phrénologie
a fait des progrès depuis ; le bon sens et la
raison aussi ; et toutes ces dissertations
sont considérées maintenant comme un
simple enfantillage. Il ne s'agit pas pour
nous de savoir où est la conscience, mais
bien plus de savoir *si elle est*, si elle peut
devenir plus noble, plus claire, en un mot
si elle est perfectible.

Or, il n'y a qu'à observer les *progrès* que
fait presque spontanément le tout jeune enfant dans la voie du bien, dans la connaissance du juste et de l'injuste, pour rester
convaincu qu'elle est éminemment perfectible et éducable.

Cette lumière intérieure dût être fort
longtemps faible et incertaine. Les passions soufflèrent et soufflent encore souvent
dessus et l'éteignent, mais de moins en
moins et pour peu de temps. On voit encore. à chaque instant, au milieu de nous
des brutes, dignes de Caïn, commettre les
pires forfaits, se gorger de sang et disparaître. Mais on voit aussi, et c'est un spectacle réconfortant, de ces brutes vaincues
par le remords, venir se livrer d'elles-mêmes à la justice des hommes, et se délivrer

du *mal intérieur* par l'aveu de la faute. Confession sublime et louable bien plus belle que le ronron machinal et intéressé du confessionnal.

L'antiquité a vu naître les nobles passions du dévouement à la cité, l'héroïsme civique, c'est-à-dire l'oubli absolu de soi, le triomphe de l'altruisme sur l'égoïsme.

Mais elle ne sut pas encore concevoir la société *sans l'esclavage* et elle laissa subsister cette plaie sociale, ce chancre hideux.

Il fallut dix-huit siècles de luttes et d'efforts pour dégager péniblement l'idée de fraternité et de tolérance qui en est l'expresion concrète. Proclamée d'abord par le Christ, qui sans être un dieu n'en fut pas moins un puissant novateur, l'idée de *fraternité* répandue partout par les premiers apôtres et les disciples, ébranla le vieil idéal de la société païenne et consola les opprimés en leur promettant en compensation de leurs douleurs terrestres, les joies infinies d'une autre vie.

Mais en prêchant l'humilité et la soumission aux puissants de la terre, en se contentant de dire aux déshérités « les premiers ici-bas seront les derniers là-haut » ou bien « malheur aux puissants » le christianisme reculait indéfiniment l'idéal de justice et d'égalité sur la terre, et facilitait le triomphe de tous les despotismes et du pire de tous, celui de l'Eglise catholique et romaine, indigne héritière du généreux idéal chrétien.

Quinze siècles durant, l'idée sommeilla, étouffée par la société féodale et par l'E-

glise catholique. Durant quinze siècles, on
vit la pensée bâillonnée et les penseurs
brûlés. Heureusement, les idées ne meurent pas.

On les vit apparaître de nouveau à la
Renaissance et changer le vieil idéal de la
société décrépite et féroce du moyen-
âge. L'homme est bon naturellement, dit
Rabelais (trois cents ans avant Rousseau).
— Soyons indulgents, répète Montaigne,
puisque nous ne sommes sûrs de rien. —
Accordez-nous la *tolérance* en matière de
religion et laissez-nous interpréter la Bible,
comme nous l'entendons, disent à l'Eglise
les Protestants.

L'Eglise répondit à tous par deux siècles
de persécutions farouches et par les guerres de religions, qui coûtèrent la vie à cent
mille hommes.

Un temps, l'idée de tolérance parut triom-
pher avec Henri IV et l'Edit de Nantes.
Ce n'était qu'un avortement. Les esprits
n'étaient pas mûrs. La douloureuse ges-
tation de l'idée n'était pas complète : Le
principe d'autorité devint plus puissant que
jamais sous Louis XIV. Les protestants
furent de nouveau persécutés et avec eux
les Jansénistes dont les cendres même ne
furent pas respectées et furent « jetées au
vent ».

Mais au moment même où tout semblait
perdu, où le trône appuyé sur l'autel semblait inébranlable, où toute pensée de tolérance et de liberté semblait anéantie, le
lent travail des siècles et de l'idée s'accom-
plissait, et une phalange de hardis démolisseurs attaquait de toutes parts le vieil

édifice vermoulu de l'ancien régime. Pendant que Montesquieu le frappait à la tête, et attaquait le principe même de l'Autorité et du Gouvernement dans son « Esprit des Lois », Rousseau obstinément en minait les bases dans son « Contrat social » ; Voltaire le criblait partout à la fois de mille traits, qui rendaient le logis inhabitable à la vieille Administration, à l'imposante et béate Eglise. En même temps, et comme s'ils travaillaient sous leurs ordres, une nuée de hardis compagnons montaient à l'envi à l'assaut de cette Bastille : Beaumarchais y introduisait son *Barbier de Séville* et son *Figaro* ; les encyclopédistes, ayant à leur tête Diderot et d'Alembert, y logeaient leur terrible encyclopédie et y installaient commodément leurs amis, les matérialistes. Cela manquait de femmes. On en vit, et du plus grand monde : Mmes de Necker, du Luxembourg, etc.

Les anciens propriétaires devenaient inquiets. Nous sommes sur un volcan, criait l'un. Je sens que ça craque, répétait un autre. « Bah ? interrompait Louis XV, cela durera toujours bien autant que nous. Après nous le déluge ».

Il vint, en effet, peu après et emporta tout, les vieilles idées et la vieille bâtisse qui les abritait, ne laissant surnager, comme une arche sainte, que l'Œuvre des démolisseurs. Honneur à ces pionniers de l'idée nouvelle ! Grâce à eux et à la Révolution, leur œuvre, le triple dogme de la Liberté, de l'Egalité et de la Fraternité fut proclamé et se répandit, évangile nouveau, parmi les hommes.

7

On a vu à travers quels périls et quels assauts l'idée vint jusqu'à nous. Notre devoir est de la défendre. Notre époque s'évertue à le réaliser, mais non sans peine, à cause de la puissante opposition que lui font les forces coalisées du passé, rois et prêtres.

Mais déjà cela ne lui suffit plus et de nobles penseurs nous parlent de quelque chose de plus beau et de plus difficile à atteindre, la sereine *justice*, gage de paix et de bonheur dans la cité future. C'est par là aussi que s'achève la *Légende des siècles*, de Victor Hugo, par la vision idéale du « Plein ciel », c'est-à-dire d'une humanité voguant à pleines voiles vers le but rêvé.

Puissions-nous avoir contribué, pour notre faible part, à hâter quelque peu la marche si lente des hommes vers le mieux, en montrant que la solidarité, la communion des efforts sont les seuls moyens de perfectibilité et de progrès social et que le souci exclusif de l'intérêt personnel, en un mot l'individualisme ou l'égoïsme sont les pires obstacles à la réalisation de notre rêve de bonheur terrestre.

CONCLUSION

Moyens propres à développer la notion de solidarité

Passant de la théorie à la pratique, il nous reste à montrer rapidement comment, et par quels moyens particuliers, il est possible de développer le sentiment de solidarité et d'en donner le goût.

Les *adultes* ont les journaux, les livres, brochures... etc., la libre discussion dans les différents groupes, sociétés, syndicats, etc... Ils n'ont qu'à vouloir. Mais nous restons persuadé qu'ils ne voudront pas ou peu. Et nous le leur pardonnons facilement. A un certain âge, la tête comme le corps a pris son pli, qu'elle ne peut plus perdre aisément. On a de douces et tenaces habitudes d'égoïsme. Pendant 40 ans, on n'a songé qu'à soi et qu'aux siens les plus proches ; l'horizon des intérêts et des devoirs est fermé. Comment l'étendre à tous les hommes ? On écoute sans comprendre. On ne *peut* plus comprendre.

Avec l'enfant et le jeune homme, tout change ! L'enfance est malléable. Mettez un garnement indiscipliné et rude dans un couvent. En deux ans, il a la forme du

moule. On en fait un prêtre ou un moine,
c'est-à-dire un être tout différent, contrit,
rasant les murs, onctueux, gluant. En six
mois, d'une paysanne, on fait une bonne
accorte, et en deux ans, une étoile de café-
concert ou une demi-mondaine.

C'est donc l'enfance qu'il faut gagner à
ces idées et qu'on peut le plus facilement
plier à ces habitudes.

Mais tout reste à refaire ou à faire en
matière d'éducation. *Quelle œuvre !* Jusqu'à
présent et en dépit de réformes nombreuses,
nous préparons des individualistes et rien
autre. Sous couleur d'émulation, nous fai-
sons lutter les enfants les uns *contre* les
autres ; nous donnons des places, nous fai-
sons des classements fréquents, où il y a
des premiers, mais où il y a aussi fatale-
ment des *derniers,* hélas ! toujours à peu
près les mêmes, pauvres sacrifiés, bientôt
la risée de la classe ou le cauchemar des
maîtres, aigris, rudoyés, découragés enfin.

Et pendant que nous poussons, que nous
forçons dans l'élite des fruits hâtifs — qui
ne tarderont pas à être des fruits secs, des
bêtes à concours, c'est-à-dire des êtres
fâts, vaniteux, férocement individualistes, —
nous laissons s'étioler, à l'autre bout de la
classe, des intelligences qui n'ont que le
tort d'être un peu en retard, un peu lentes
ou timides. Mauvais résultat des deux
parts.

Les maîtres le savent et cherchent parfois à échapper à ce dilemme, mais en
vain. Les *programmes* et l'*Administration*
ne leur laissent aucune initiative.

L'école reste donc l'image de la vie, telle

qu'elle est actuellement. Au lieu d'être un
foyer de paix où régnerait une chaude et
cordiale fraternité, elle est une course à la
place. Les enfants s'épient, se défient, se
jalousent, se dénoncent, luttent coude à
coude. Cela les conduit jusqu'aux prix. On
voit alors 3 ou 4 lauréats écumer les récom-
penses d'une classe de 40 élèves, où il y
en a 20 autres qui les valent par leur appli-
cation, leur droiture, leur bon vouloir... et
qui vaudront mieux qu'eux dans la vie.

Il serait si facile de faire tout autrement,
à la plus grande satisfaction des maîtres et
des élèves et pour le bien de tous. Il suffirait de mettre à la base de tout l'enseignement, au lieu de la laisser en dehors,
comme un hors-d'œuvre ennuyeux et inac-
cessible, *une morale bien humaine*, bien
chaude (on nous la sert toujours froide) et
bien vivante, une morale où l'on parlerait
sans cesse de ce que les générations pas-
sées ont fait pour la génération présente,
où la fraternité, la solidarité entre tous les
hommes serait rendue palpable; une morale où les grands égorgements de l'histoire seraient montrés pour ce qu'ils sont
et les égorgeurs pour ce qu'ils doivent être,
c'est-à-dire pour des hommes bien inférieurs et bien moins nécessaires que les
penseurs, inventeurs, poètes, travailleurs
de tout ordre.

On joindrait à cela des travaux manuels
et des jeux en *commun*, où les enfants s'ha-
bitueraient — cette habitude est douce — a
s'entr'aider, à s'éclairer. La Fontaine l'a
dit :

Il se faut entr'aider : c'est la loi de nature. Les enfants sortiraient de l'école ainsi que d'un banquet intellectuel, où auraient régné la joie et la concorde, où tous auraient eu *leur part* des joies communes.

Et ils s'en iraient dans la vie, la main dans la main, pour être plus forts et plus heureux.

FIN.

TABLE DES MATIÉRES

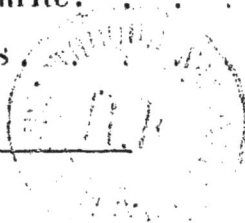

8214 D. — Amiens, Imp. du Progrès.

www.ingramcontent.com/pod-product-compliance
Lightning Source LLC
Chambersburg PA
CBHW070130100426
42744CB00009B/1774